スポーツと
学校教育の
イノベーション

著	藤田 大雪・吉倉 秀和・城島 充・ 黒澤 寛己・古川 拓也
対談	間野 義之・奥野 史子
編	大阪成蹊大学 スポーツイノベーション研究所

創文企画

まえがき

　本書は、大阪成蹊大学スポーツイノベーション研究所・月例研究会「スポーツと学校教育のイノベーション」（2022年10月〜2023年3月）の研究発表内容と企画対談（第6章）により構成されている。

　筆者が大学に通う道中からは小中高校の校庭が目に映り、体育館に響き渡る足声や掛け声が耳に入ってくる。部活動や体育授業の日常のひとコマである。本書がタイトルに掲げる「スポーツと学校教育」といえば、このような「学校の中にあるスポーツ」を想起するのが普通であろう。

　日本のスポーツは、明治期に来日した外国人教師が学生に野球やラグビーなど近代スポーツを伝授し、旧制中学高校で花開いた歴史がある。明治期は富国強兵の時代でもあり、身体鍛錬を旨とする「学校体育」も誕生した。それから100年以上を経た令和の時代も、「学校の中にあるスポーツ」は脈々と受け継がれている。

　スポーツ基本法（2011）を見れば、スポーツは「心身の健全な発達、健康及び体力の保持増進、精神的な充足感の獲得、自律心その他の精神の涵養等のために個人又は集団で行われる運動競技その他の身体活動」とあり、スポーツが個人・集団にもたらす価値が列記されている。「学校」は、こうした価値観のもとで、子ども世代に対する「スポーツの価値を発現する中心的場所」として今日に至ったことは、特に否定すべきことではないであろう。

　一方、近年では部活動の顧問教員の過剰負担や休廃部による子どものスポーツ選択機会の減少、体育授業による運動好き・嫌いの二極化助長などの課題が露見していることも事実である。このようなスポーツと学校教育をめぐる状況を鑑みて、当研究所が設けた問いは以下のとおりである。

「この先も、学校はスポーツの価値を発現する中心的場所であり続けられるのか？　あり続けるべきなのか？」

　この問いが立てられた背景には、「学校の中にあるスポーツ」のあり方への注視にとどまらず、「スポーツが学校教育自体を変える、イノベーションを起こす可能性を模索すべき」との問題意識が潜んでいる。その意識も踏まえて独自の視角からの示唆を導かんとする論稿が、各章に収められている。

第1章「スポーツの教育的価値の再検討 ─スポーツマンシップ概念からの接近─」は、スポーツの教育的価値として伝統的に範を示してきた「スポーツマンシップ」が、近年は「スポーツインテグリティ」に置換されつつある潮流に警鐘を鳴らすとともに、徳倫理学のアプローチからスポーツの教育的価値を再検討する。「スポーツは教育の一環」との見解が述べられるとき、果たしてその「教育」とは如何なる実相を指すのか、多くの学校教育関係者に振り返りの機会を提供している。

　第2章「スポーツ×STEAM教育の可能性 ─部活動の地域連携を見据えた「未来のブカツ」を中心に─」は、近年注目される「STEAM教育」とスポーツの掛け合わせによる学校教育のイノベーションの可能性に言及する。スポーツをする行為には課題発見・創造的解決のプロセスが包含され「スポーツ自体がSTEAM教育である」という捉え方と、スポーツ特有の統計・数理データを教材化するという「スポーツを題材にしたSTEAM教育」の両面から学校教育現場での展開が期待される。

　第3章「トップアスリートたちの「学ぶ力」に関する考察 ─挫折体験と人間力の関係性について─」では、挫折の意味を自問し、自己の言語化を繰り返しながら時に常識を覆すパフォーマンスを発揮するトップアスリートの軌跡を追いながら、彼ら自身が「学ぶ力」を獲得する過程が克明に描かれる。10代から世界転戦に出るために通常の学校教育カリキュラムを受けないトップアスリートという特異な存在が、むしろ昨今の学校教育で標榜される「学びに向かう力」や「人間性の涵養」の本質を浮き彫りにする。

　第4章「運動部活動の歴史と政策 ─部活動地域移行の目指すべき方向性について─」は、「学校の中のスポーツ」の代表的存在である部活動を正面から取り上げる。学校教育における位置付けが曖昧なまま、その揺らぎの中でも「部活動は教育の一環である」との一本筋で部活動は学校の中で息づいてきた。地域移行の検討が進む中、学校か地域かの二分法ではなく、学校と地域がスポーツの価値を共有して生涯に渡りスポーツに親しめる基盤づくりを提唱する。これもまた「スポーツが学校教育の仕組みに変化を促す、イノベーションを誘発させる」契機となる可能性を秘める。

　第5章「運動部活動の地域連携や地域スポーツクラブ活動移行の在り方の検討 ─大阪市における実証事業と実態調査から─」は、部活動の部員生徒には「競技力向上派」と「無理なく楽しむ派」が混在する実態を大規模アンケート調査から

詳らかにし、フリーサイズ服のように誰でも一緒とみなす画一モデルの部活動が不適合を起こすことを指摘する。こうした実態把握の積み上げが、部活動改革における「総論賛成・各論反対」の垣根を崩して「各論」の具体的な創造を生むことを予感させる。

　第6章「対談：子どものスポーツライフの新たな展望 ─部活動の地域移行を契機として─」は、学校や地域のあり方を問い直し、従来の常識や制度に囚われない発想に基づく将来展望を描く。例えば、多様なスポーツ選択としてマルチスポーツやシーズンスポーツ制の導入、「指導者」という語句に象徴される「大人が子どもにスポーツを"教える"」ことからの解放、トーナメント方式をやめて補欠をなくす大会運営、部活動の地域移行を契機とした「開かれた学校づくり」の展開、日本の四季風土にあった多彩なスポーツの普及をはじめ、ビジョンに溢れる対談が繰り広げられる。

「スポーツが学校教育にイノベーションを起こす」とは大胆かつ無謀、または不遜と受け取られることも覚悟の上で、当研究所は先述の問いを設定した。本書を手に取って下さった方々がその問いかけの意義を汲み取り、ご批判とご助言を通してスポーツと学校教育をめぐる諸状況の前進の一助となれば幸いである。

2023年10月
菅　文彦
（大阪成蹊大学スポーツイノンベーション研究所副所長／大阪成蹊大学経営学部スポーツマネジメント学科教授）

スポーツと学校教育のイノベーション

CONTENTS

まえがき……1

第1章
スポーツの教育的価値の再検討……7
―スポーツマンシップ概念からの接近―

藤田大雪

1. はじめに……8
2. スポーツマンシップ概念の歴史的起源……9
3. スポーツマンシップからスポーツ・インテグリティへ?……10
4. 「スポーツ・インテグリティ」のイデオロギー性……13
5. あらためて「スポーツマンシップ」とは何か……16
6. どうすればスポーツマンシップを教えられるのか……20
7. おわりに……21

第2章
スポーツ×STEAM教育の可能性……25
―部活動の地域連携を見据えた「未来のブカツ」を中心に―

吉倉秀和

1. 経済産業省が考えるスポーツ産業政策の姿……26
2. 未来のブカツと未来の教室……28

3.　大切にしたい「未来のブカツ」の本質……35

4.　地域スポーツの在るべき姿を目指して……41

第3章
トップアスリートたちの
「学ぶ力」に関する考察……45
―挫折体験と人間力の関係性について―
城島　充

1.　はじめに……46

2.　怪物が育った"特別ではない"環境……48

3.　数奇な運命と、母の思い……49

4.　違和感……51

5.　『ミスター・卓球』荻村伊智朗の言葉力……53

6.　競技者と人間力の関係性……58

7.　水谷隼の挫折と成長……63

8.　挫折の深さは、その後の人間力形成に影響しているのか……65

9.　張本との対談で水谷が伝えたこと……67

10.「怖い物知らず」では乗り越えられない挫折がある……69

第4章
運動部活動の歴史と政策……73
―部活動地域移行の目指すべき方向性について―
黒澤寛己

1.　はじめに……74

2.　運動部活動の歴史……76

3.　部活動の今日的課題……81

4.　部活動地域移行の現状……86

5.　おわりに……91

第5章
運動部活動の地域連携や
地域スポーツクラブ活動移行の在り方の検討……93
—大阪市における実証事業と実態調査から—
古川拓也

1. はじめに……94
2. 運動部活動改革と「地域移行」の取り組み……95
3. 実証事業の取り組みから……100
4. 大阪市における実態調査から……104
5. おわりに……112

第6章
対談：子どものスポーツライフの新たな展望……115
—部活動の地域移行を契機として—
間野義之×奥野史子　　　司会進行：菅　文彦

1. 対照的なスポーツ経験……116
2. 部活動とは一体何なのか？……118
3. 子どものスポーツを巡る問題は古くて新しい……121
4. 子どもは輝く可能性の原石……123
5. 子どもが主体のスポーツへ……126
6. スポーツが学校教育自体も変える !?……128
7. 子どものスポーツライフ充実に向けて……130

著者一覧……134

スポーツの教育的価値の再検討
―スポーツマンシップ概念からの接近―

藤田大雪

1. はじめに

「倫理について知っていることはすべて、スポーツから学んだ」。これはアメリカの哲学者キーティングが引用したノーベル文学賞作家アルベール・カミュの言葉である。キーティングは、スポーツ哲学の先駆けとなった論文「道徳カテゴリーとしてのスポーツマンシップ」の冒頭でカミュをはじめとする著名人の言葉を引用し、スポーツマンシップの教育的・道徳的価値を確認する（Keating, 1964, p.22）。それらはどれも自信に満ち、スポーツマンシップへの強固な信頼がうかがえるものである。たとえば教皇ピウス12世は、スポーツマンシップの必須要件であるフェアプレイについて次のように述べたという。

> スポーツ発祥の地から「フェアプレイ」という成句も生まれました。それは騎士道的で礼儀正しい競争です。精神を卑劣さや、欺瞞や、虚栄心と報復心の暗い策略から引き上げ、閉鎖的で頑迷なナショナリズムの過剰から守るものなのです。スポーツは、忠誠心、勇気、不屈の精神、決断力、そして普遍的な兄弟愛の学校なのです。（Keating, 1964, p.22）

スポーツマンシップの有用性を称える言説は枚挙に暇がない。阿部は1848年から1968年までのスポーツマンシップに関連する言説を一覧表にまとめている（阿部, 2009, pp.308-309）。阿部の表からは、さまざまな思想的背景をもった人々が120年間にわたってスポーツの教育効果を信じ、スポーツマンシップの理念を称えつづけてきたことが読みとれる。

一方、ひるがえって現在の論壇に目を移すと、スポーツマンシップをめぐる言説がかつての肯定的色調を失ったことを感じずにはいられない。たとえば阿部は、スポーツマンシップが「人々の意識と行動を既存の社会や国家の秩序に順応させ、社会秩序に向けて人々を動員する保守的イデオロギーとして機能した、という根強い批判と不信を向けられている」ことに注意を喚起し、「その言葉を言うことも、聞くことも気恥ずかしい、という人々が結構多いのではないかと思う」と述べる（阿部, 2009, p.III）。

スポーツマンシップという理念の退潮は現実のスポーツ政策からも明らかである。2012年に策定されたスポーツ庁の「スポーツ基本計画」は、「スポーツを通

じてすべての人々が幸福で豊かな生活を営むことができる社会の創出」（文部科学省, 2012, p.2）を目指し、スポーツの価値を高めようとするプロジェクトである。同計画は、実現すべき具体的な社会の姿を構想し、そのひとつに「青少年が健全に育ち、他者との協同や公正さと規律を重んじる社会」（文部科学省，2012, p.2）――キーティングの証人たちが何よりもスポーツマンシップの効用と認めるはずのもの――を掲げている。ところが、55 ページにおよぶ同計画の文書中に、「スポーツマンシップ」という単語はただの一度も出現しない。5 年後に出された第 2 期の「スポーツ基本計画」（文部科学省，2017）でも、「スポーツで「人生」が変わる！」「スポーツを通じた共生社会の実現」「クリーンでフェアなスポーツの推進によるスポーツの価値の向上」といった題目が掲げられているにもかかわらず、やはりスポーツマンシップへの言及は見られない。第 3 期でようやく一度きりの言及が行われたが、それも「オリンピック・パラリンピック教育」に付された脚注にすぎず（文部科学省，2022，p.20）、スポーツ庁が描く日本のスポーツの未来像に関わるものではないのである。

　現代のスポーツでは、「スポーツマンシップ」の存在感が後退した一方で、「健康」や「楽しさ」や「経済効果」といったわかりやすい価値が強調されがちである。だが、スポーツマンシップの教育は本当にその役割を終えてしまったのだろうか。本稿では、スポーツマンシップ退潮の要因を批判的に分析し、あらためてその教育が果たしうる役割を考察したい。

2.　スポーツマンシップ概念の歴史的起源

　スポーツマンシップという理念がかつての輝きを失ったのは、いったいなぜなのか。その理由は、この理念が古い社会制度のなかで誕生したことに関係するかもしれない。

　阿部は『近代スポーツマンシップの誕生と成長』において、19 世紀イギリスの教育的言説を渉猟し、スポーツマンシップ概念の誕生の舞台裏を明らかにしている。彼によれば、スポーツマンシップが象徴する倫理規範は、パブリックスクールに興ったスポーツ文化を徳育へと昇華するなかで育まれた。ただし、その「徳育」はかならずしも手放しで賛美できるものではなかったという。なぜなら、「スポーツマンシップ」はパブリックスクールに根づいた「統治＝自治の原理」を重んじる点で能力主義と自由競争に一定の規制をかけるものであり、そのことゆえ

に旧来の支配者階級の権威を温存する役割を果たしたからである（阿部，2009，pp.147-150）。スポーツマンシップの倫理を理論的に支えた「筋肉的キリスト教」について、阿部は次のように述べる。

　C. キングズリに集約される筋肉的キリスト教徒は、イギリススポーツの伝統を破壊することによってではなく、その伝統を固執し、新興ブルジョアジーの組織的ゲームの精神、アスレティシズムに一種の封建的、復古的理念を確認させることによって近代スポーツの大衆化を推進しようとした。彼らは近代sportsmanship に近代個人主義の貫徹を許容することはなかった。（阿部，2009，p.196）

　石井（2013）は、そのような仕方で成立した倫理規範が "sportsmanship" として名指されはじめた時期が、パブリックスクールでスポーツを学んだ「ジェントルマン」たちが労働者階級や外国人・植民地人に敗れはじめた 1880 年代半ばと重なることに重要な意味を見いだしている。すなわち、「スポーツマンシップ」はスポーツの普及が進み、新興勢力の競技力がジェントルマンのそれを凌駕していくなかで、彼らのなかに欠如するものとして発見されたのだ、と。

　阿部と石井が光をあてた「スポーツマンシップの誕生」の経緯は、この理念が保守的かつ反動的な「イデオロギー」であるとの嫌疑を抱かせるのに十分である。とはいえ、理念の誕生に賞賛できない裏事情があったとしても、理念そのものまでをも棄却する必要はない。重要なのは、スポーツマンシップが今後の社会においてもなお意義あるものでありうるか、そうでないか、ということである。議会民主制という制度は、それを生みだした人々の動機がどうあれ、少なくとも現在までのところはその機能に基づいて評価され、維持されてきた。同様に、スポーツマンシップの教育的価値についても、それが人々にどのような影響を及ぼしうるかに基づいて評価されるべきだろう。

3.　スポーツマンシップからスポーツ・インテグリティへ？

　スポーツマンシップが約束する「リーダーシップ」「チームワーク」「協調性」「自制心」「競争心」「公正さ」「他者への敬意」「謙虚さ」といった諸価値は、「コンピテンシー」の教育が重んじられる「予測困難な時代」のなかで、いっそう強

く渇望されるようになっている。それにもかかわらず「スポーツマンシップの限界」がささやかれるようになったのは、いったいなぜなのか。その原因は「イデオロギー性の忌避」より、むしろ「スポーツマンシップの尊重」が空々しく聞こえるほどスポーツが巨大なビジネスになったことにあるように思われる。この点に関連して、友添の以下の指摘は重要である。

　　スポーツのインテグリティーを脅かす現代のスポーツの問題群は単純なものから、様々なバックボーンをもつ複雑なものまであり、どうもスポーツのインテグリティーを守るための規準として、近代スポーツが生み出した対面（face to face）を前提とした倫理規範であるフェアプレイの精神やそれを日常生活に広げ、人生の生き方としたスポーツマンシップでは限界があるのではないか。（友添，2015，p.15）

　ここで言う「スポーツのインテグリティ（一）」とは、「スポーツが様々な脅威により欠けることなく、価値ある高潔な状態」（JSC, 2014）のことであり、具体的には「スポーツが一貫してその価値と原則（卓越性、公正さ、健康と安全、多様性と包括性など）を維持する能力」（Hemphill & Wilson-Evered, 2016, p.6）を指す。勝田（2017，pp.57-69）は「スポーツ・インテグリティ」「スポーツにおけるインテグリティ」などの用語が、2010年頃から、国内外のスポーツ組織によって使われはじめたことを明らかにしている。図1は、GoogleのNgramをもちいて英語圏の書籍における "sport integrity" 関連用語の出現頻度を分析した結果である。ここからは、スポーツ組織等を発信源とするこれらの用語が、2013年前後から一般の書籍へと急速に普及したことが読みとれる。

「スポーツ・インテグリティ」の関連語は、しばしば「スポーツのインテグリティをこれこれの脅威から守る必要がある」といった仕方で語られる。JSC（日本スポーツ振興センター）をはじめとするスポーツ機関は、そうした脅威として、ドーピング、八百長・不正操作、反社会的行為、暴力・ハラスメント、人種差別、汚職・腐敗、自治・自律に対する外部からの圧力、ガバナンス・コンプライアンスの欠如の8つを挙げる（図2）。「スポーツ・インテグリティ」はこれらの多岐にわたる脅威に対して注意を喚起し、具体的な対策を求める強力なレトリックなのである。

　では、「スポーツ・インテグリティの保護」のためにどのような取り組みがな

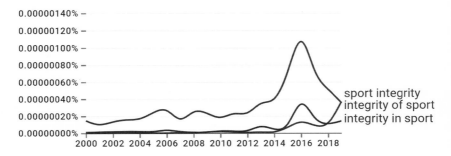

図1　英語圏の書籍におけるスポーツ・インテグリティ関連語の出現頻度（2000年—2019年）

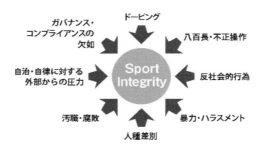

図2　スポーツ・インテグリティを脅かす要因
（出典：JSC, 2014 より）

されているのか。勝田（2017，pp.113-114）はそうした取り組みを調査し、下記の
7つに分類する。
　①取り組みに関する方針、表明、言及
　②憲章、規程、計画、ガイドライン等の策定、見直し
　③スポーツ・インテグリティ・ユニットなど、専門部署設置、専門人材の配置
　④政府機関、専門機関、他組織等との外部連携・協力
　⑤通報、相談窓口設置、情報収集・分析のための調査を含む監視・検査等のモ
　　ニタリング
　⑥研修、情報提供、教材開発等の教育的アプローチを含む「教育的活動」
　⑦その他（予算措置、活動・事業評価、法的フレームに関する措置および適用等）
この一覧からは、スポーツが直面する「脅威」への対処が多岐にわたり、人的

にも金銭的にも巨大な資源を要するものであることがうかがえる。ドーピングや八百長、汚職といった「脅威」は、スポーツビジネスがかかえる構造的な問題でもある。複雑化しつつある「スポーツへの脅威」の前に、「スポーツマンシップ教育」はあまりにナイーヴで、無力な理想論として響く。そのようなものは現実の問題への有効な解決策になりえない。もっと現実的な、制度的かつ組織的な対策が必要である。そう考えられるのはもっともである。

4. 「スポーツ・インテグリティ」のイデオロギー性

　かくして、時代はスポーツマンシップからスポーツ・インテグリティへと舵を切った。スポーツマンシップ教育は旧時代の遺物であり、現実のスポーツがかかえる問題に対処できる代物ではない、というわけである。

　だが、「スポーツ・インテグリティ」は本当に「スポーツマンシップ」に代わる教育理念たりえているだろうか。安永・塩田（2021）は、スポーツ・インテグリティ教育に関する国内の研究動向を調査している。それによれば、2020年11月11日までに国内で発刊された論文で「スポーツ・インテグリティ」を主題とするものは32編あったが、そのなかに教育に関する内容を扱うものは1編もなかったという（安永・塩田, 2021, p.80）。そこで彼らは「スポーツ・インテグリティに関わる問題群の教育」に関する研究を調査し、分野別・カテゴリー別に整理した（表1）。その結果、全29編の論文のうち「ドーピング」の教育が22編、「暴力」の教育が6編を占め、残りの1編が「ハラスメント」の教育を扱っていることが明らかとなった（安永・塩田, 2021, p.81）。じつに全体の約76％の論文が「ドーピング」の教育に集中するという結果である。

表1　「各分野の教育」研究の目的別カテゴリーと論文数

カテゴリー	ドーピング	違法賭博八百長	暴力	ハラスメント	ガバナンスコンプライアンス	差別	論文数
歴史研究	6	0	0	0	0	0	6
効果研究	12	0	1	0	0	0	13
批判研究	4	0	5	1	0	0	10
論文数	22	0	6	1	0	0	29

（出典：安永・塩田, 2021, p.81 より）

安永と塩田は分野間に偏りがある理由を説明していないが、これほど大きな偏りは偶然には生じえない。筆者は、研究者の目をアンチ・ドーピング教育に集中させる要因のひとつに、ミュラーが「測定執着」と呼ぶ文化的パターンの台頭があると考えている。ミュラーによれば、測定執着は次のような特徴をもつ（Muller, 2018；松本訳, 2019, p.30）。

・個人的経験と才能に基づいておこなわれる判断を、標準化されたデータ（測定基準）に基づく相対的実績と言う数値指標に置き換えるのが可能であり、望ましいという信念
・そのような測定基準を公開する（透明化する）ことで、組織が実際にその目的を達成していると保証できる（説明責任を果たしている）のだという信念
・それらの組織に属する人々への最善の動機づけは、測定実績に報酬や懲罰を紐づけることであり、報酬は金銭（能力給）または評判（ランキング）であるという信念

　ミュラーは、このような測定執着の根づく現代の管理主義社会に、「測定され、報酬が与えられるものばかりに注目が集まって、ほかの重要な目標がないがしろにされ」る傾向があることを指摘している（Muller, 2018；松本訳, 2019, p.30）。たとえば、大学ランキングや大学の格付けの影響力が増大した結果、「試験スコアの伸長」や「卒業生の収入」といった測定できる基準に注目が集まる一方で、定量的に測定できない事柄（たとえば「芸術品を歴史的観点から理解させてくれる美術史の授業」や「詩の理解度を高めてくれる文学の授業」や「人体の構造の不思議に開眼させてくれる生物の授業」などから得られる「生涯にわたる満足感」）は、人生の質を高めるうえで重要であるにもかかわらず軽視されるようになった（Muller, 2018；松本訳, 2019, p.98）。

　私見では、「スポーツ・インテグリティに関わる問題群の教育」の研究密度に生じた偏りも、こうした測定執着的傾向の表れとしてとらえられる。「ドーピング」は所轄の専門機関（WADA（世界ドーピング防止機構）、JADA（日本アンチ・ドーピング機構））が存在する。そこでは実施検査件数と違反件数という定量的で扱いやすいデータが毎年取得可能である。また、ルール逃れを試みる者とのあいだに生じる軍拡競争のためにルールの高度化という「実績」づくりができ、さらにはそれに応じた教育も継続的に必要となる。そのうえ WADA の承認予算は 2023 年で約 4960 万ドルにのぼる（WADA, 2023）。こうしたことを踏まえると、あらゆる面で測定文化によく馴染むこの分野の教育に多くの資源が投入さ

れるのに不思議はない。「暴力」と「ハラスメント」に計7編の論文があること
も、JSPO（日本スポーツ協会）が「暴力を含むハラスメント」の相談件数を毎
年公表していることと、おそらく無関係ではない。他方で、「八百長・違法賭博」
「ガバナンス・コンプライアンス」「差別」といった分野の教育研究は、社会的重
要性において何ら劣るものでないにもかかわらず、まったくなされていない。そ
してそれらの問題には、所轄の専門機関も、指標となる公的統計も存在しないの
である。

　そもそも、スポーツをする人にとって、ドーピングの教育にどれほどの価値
があるのだろうか。JADAは2021年度に5897件の検査を実施したが（JADA,
2022a）、そのうちアンチ・ドーピング規則違反を認定されたのはたったの1件で
あった（JADA, 2022b）。世界に目を広げれば、2019年に1914件の規則違反が認
定されているが（WADA, 2021）、それでも違反率はトップアスリートの約0.69%
にすぎない。ドーピングはスポーツの根幹を破壊するものであり、アンチ・ドー
ピングの取り組みが不可欠であるのは確かである。けれども、それはあくまでス
ポーツビジネスの側の都合にすぎない。大多数のスポーツ愛好家にとって（まし
て学校や部活動でスポーツに触れる子供たちにとって）、ドーピングはまったく
無縁の事柄でしかない。それにもかかわらず、それについての教育が他分野の教
育を圧倒しているのが、「スポーツ・インテグリティの保護」をめざす教育的活
動の実態なのである。

　筆者の解釈が正しいとすれば、これは教育研究者がたまたまスポーツ・インテ
グリティの一部にしか目を向けてこなかったという問題ではない。スポーツの巨
大産業化にともない「スポーツの公共性」が増すなかで、「説明責任」を担保す
る定量的な指標が求められた。そこで「スポーツ・インテグリティの保護」とい
うスローガンが登場し、測定しやすい教育（「ドーピング」と、少しばかり「暴
力・ハラスメント」）に資源が集中投下されるようになった、ということなので
ある。このように考えてみると、「スポーツ・インテグリティ」のイデオロギー
性は明らかだろう。「スポーツマンシップ」がパブリックスクールを母体とする
ジェントルマンのイデオロギーであったとすれば、「スポーツ・インテグリティ」
は、管理主義を後ろ盾とする官僚とビジネスマンのイデオロギーであると言って
よい。そもそも、「スポーツ・インテグリティ」という言葉自体が政府系機関を
発信源としていたことを思い起こそう。この概念は、主として個々人の成長でな
く、スポーツビジネスの成長に関心をもつ組織の手で広められてきたのだ。

しかし教育的観点から見れば、測定文化によく馴染む分野の教育だけが注目を集める傾向が不健全であるのは明らかである。なぜなら「重要なことすべてが測定できるわけではなく、測定できることの大部分は重要ではない」（Muller, 2018；松本訳，2019，p.30）からである。現在、「スポーツマンシップ」が「スポーツ・インテグリティ」に置き換えられつつあるのは、決して前者の教育的価値が劣っていたためではない。この移行は、スポーツの商業化とそれにともなう測定執着の流れに掉さすものであり、その意味でスポーツマンシップの退潮はたしかに時代の必然であると言える。しかしそれは同時に、スポーツ教育がスポーツビジネスに従属したことを示すようにも思えるのである。

5. あらためて「スポーツマンシップ」とは何か

「スポーツ・インテグリティ」がスポーツの保護と発展をめざす理念であるのに対して、「スポーツマンシップ」は（少なくとも建前上は）個々人の成長をめざす理念であった。それはスポーツの腐敗に対して無力であるかもしれないが、だからといって、その教育的価値が否定されたわけでないことは、すでに述べたとおりである。

とはいえ「スポーツマンシップ」とはそもそも何であり、そこにはどのような教育的価値があるのだろうか。以下では毀誉褒貶の著しいこの概念に接近し、その本質を分析したい。

5.1 先行研究の検討

スポーツに期待される教育効果はさまざまあるが、なかでもスポーツマンシップは、「自分を磨」き、「人間関係に関する判断力を向上」させ、「『自立した個人』の確立」させるのに役立つものとして伝統的に尊重されてきた（広瀬，2014, pp.87-90）。しかし、この概念の本質が何であるかについてはいまだ定説が存在せず、「スポーツマンシップ論」がスポーツ哲学の中心テーマの一つになるほど激しい議論が交わされている[1]。

この分野を開拓したのは、本稿の冒頭で取りあげたキーティングである。彼はスポーツマンシップを「スポーツマンとしての規範的なあり方」と規定し、スポーツの本質を参照することでこの概念を明らかにしようとした。ではスポーツとはいったい何であるか。彼は次のように説明する。

　スポーツの第一の目的は試合に勝つことでも、魚を獲ることでも、動物を殺すことでもなく、そうした試みから喜びを得て、その過程で仲間に喜びを与えることなのである。

　ここでキーティングは、楽しみや喜びを目指す一種の「気晴らし」（diversion）としてスポーツをとらえている。彼の見方によれば、「スポーツ」はある種のレクリエーション活動であり、名誉ある勝利を追求する競争すなわち「競技スポーツ」（athletics）とは根本的に異なるものである（Keating, 1964, pp. 27-28）。それゆえ、喜びを分かち合うことを本分とする「スポーツマン」には、必然的に「節度」（moderation）や「寛大さ」（generosity）が求められる。他方で、「競技スポーツ」は「本質的に競争活動である」ため、その従事者にもそれ相応の資質、すなわち「献身」（dedication）と「犠牲」（sacrifice）と「激しさ」（intensity）の精神が求められるという（Keating, 1964, p.28）。彼はまた、「競技スポーツ」に従事するアスリートに「スポーツ」の徳であるスポーツマンシップを期待すべきでないとも主張する。そのような期待をする人は、「スポーツ」と「競技スポーツ」を混同しているのである、と（Keating, 1964, p.27）。

　私たちは1964年に書かれたキーティングの論文に、石井（2013）が明るみに出した、新興階級に競技で勝てなくなった「ジェントルマン」たちのイデオロギーの残響を聞きとることができるかもしれない。しかし、その後のスポーツマンシップ論では、伝統的なスポーツマン像を超えて「スポーツマンはいかにあるべきか」という視点から考察がなされ、さまざまな定義が検討されてきた。たとえば、川谷はスポーツが勝負事である以上、スポーツマンシップは勝利の追求以外の何物でもありえないと断じ（川谷, 2005）、キーティングと対極的なスポーツマンシップ論を提示している。一方、フィーゼルはホイジンガ以来の「プレイ（遊び）」の研究を参照し、スポーツマンシップを「真面目さとプレイスピリットの中庸」と規定している（Feezell, 1986）。セッションズは「名誉」「フェアプレイ」という伝統的な価値を擁護し（Sessions, 2004）、ブッチャーとシュナイダーは「ゲームの利益」を目指し、最良のゲームをつくりあげることがスポーツマンの徳であると論じている（Butcher & Schneider, 1998）（表2）。

表2　スポーツマンシップの定義

	スポーツの目的	スポーツマンシップの本質
Keating (1964)	楽しみ	寛大さ
Feezell (1986)	勝敗の決定を楽しむこと	真面目さとプレイスピリットの中庸
Butcher & Schneider (1998)	ゲームの利益	ゲームへの敬意
Sessions (2004)	名誉ある勝利	名誉の尊重・フェアプレイ
川谷 (2015)	勝利	勝利への意志

5.2 徳倫理学からのアプローチ

　筆者は上記の定義のいずれかに与するものではないし、新奇性のある定義を付け加えるつもりもない。むしろここでは、徳倫理学の見地からスポーツマンシップを考察し、この概念を一定の構造をもった徳として把握することを目指したい。「徳」（virtue）は、とりわけ1990年代以降に急速に関心を集めはじめたトピックである。徳とは「それがそなわるところのものを善き状態にし、そのものに自分の機能をよく行なうようにさせるもの」（アリストテレス，1106a）である。徳倫理学の主流は新アリストテレス主義である。この立場の特徴は、一言で言うと、行為の善悪を徳と悪徳の観点からとらえようとすることにある。徳の特徴は技術との対比から浮き彫りになる。アリストテレスは次のように述べている[2]。

　　技術作品は一定の性格をもつようにつくり出されさえすれば十分なのである。しかし、徳に基づいて行われる行為は、たとえそれが特定のあり方をもっているとしても、正しく行われたり、節制ある仕方で行われたことにはならないのであって、行為者自身がある一定の状態で行為することもまた、まさに正しい行為や節制ある行為の条件なのである。（アリストテレス，1105a）

彼はこのように、「徳ある人」をたんに一定の行動をとる人とは考えない。靴職人は、良い靴を作れさえすればよい技術を持っていると言える。彼の性格や、靴を作るさいの動機や、感情は技術の有無に無関係である。ところが、徳の場合はたんに行為をなすだけでは十分でなく、どのように為すかということが決定的に重要なのだ。たとえば、戦場で踏みとどまるという行為は、そうすることが美しいという理由でなされたのであれば勇気ある行いだが、上官への恐怖からなされたのであればそうとは言えない。アリストテレスは、「なされた諸行為は、それらが正しい人や節制ある人が行なうであろうようなあり方のものであるとき

に、正しいとか節制あるとか呼ばれる」（アリストテレス, 1105b）と述べているが、これは空疎なトートロジー（同語反復）ではない。外形的に行為を真似ても、徳ある人がなすであろう仕方でなされていなければ、徳ある行為と呼べないという意味なのである。

　では、行為はどのような仕方でなされたときに徳ある行為となるのか。アリストテレスは、徳ある行為の要件として次の3つを挙げている。すなわち、行為者はなすべき行為を知ったうえで、その行為を選択し、しかもその行為そのもののためにそれを選択しなければならない。そして、その行為はたまたまとか、機嫌が良いとか、人に見られているといった理由からでなく、確固としたゆるぎない状態でなされなければならない（アリストテレス, 1105a）。徳とはこのような、しかるべき知識と目的と性格を統合する一個の人格なのである。

5.3　スポーツマンシップの構造

　私たちは以上の整理を手がかりに、「スポーツマンシップ」の大枠を素描することができる。第一に、アリストテレスが指摘する徳と技術の相違は、スポーツにおける徳である「スポーツマンシップ」にも当てはまる。実際、勝利をめざして正々堂々と戦うことは、ゲームや相手への敬意からするのであればスポーツマンシップに適っているが、進学に必要な内申点を得るためだけにするのであればそうとは言えない。したがって、スポーツマンシップもまた、たんなる行為の規範ではなく、適切なスポーツ行為を一定の仕方でなすようにさせるものなのである[3]。第二に、行為をスポーツマンシップに適ったものにする「一定の仕方」は単純なものではない。そこには知識や熟慮や、欲求、自発性、行為の安定性といった多岐にわたる心的状態が含まれるからである。

　以上の考察を踏まえて、これまでに提案された定義を見てみよう。それらは「スポーツの本質」から演繹できる真理として、排他的な形で表明されていたが、問題となる定義のリストには、じつにさまざまな心的カテゴリーが入り混じっている。たとえば、キーティングの「寛大さ」は性格の一種である。川谷の「勝利への意志」は欲求であるし、フィーゼルの「真面目さとプレイスピリットの中庸」は態度である。そしてセッションズの「フェアプレイ」は産出される行為の性質であり、彼の「名誉の尊重」とブッチャーとシュナイダーの「ゲームへの敬意」はある種の価値観である。そしてこれらの心的状態は、一人の人間のなかに矛盾なく——それどころか統合的な仕方で存在できるものなのである。

そこで、これらのそれぞれが「徳ある行為の仕方」を指示する異なるアスペクトの表現であると仮定しよう。そうすると、目下の徳は一定の構造をそなえたものとして把握できる。すなわち、ゲームへの敬意のゆえにフェアプレイに名誉を認め、勝利を求めて最善を尽くす、そのような実践を楽しむことのできる寛大さ。それがスポーツマンのもつべき「スポーツマンシップ」の内実であるということになる。スポーツマンシップは、そのような心的状態の統合によってスポーツを気にかける価値のあるものとし、良いスポーツ行為を行うことを可能にするがゆえに、私たちにとって価値があるのである[4]。

6.　どうすればスポーツマンシップを教えられるのか

　では、徳としてのスポーツマンシップはどうすれば教えられるのか。スポーツマンシップの教育に関して徳倫理学の見地から確実に言えるのは、その教育が一筋縄にはいかないということである。というのも、徳を構成する価値観や態度、動機、感情、性格といった要素は、たんなる知識の習得の場合と違って、ある種の習慣づけによってそなわるものだからである。

　アリストテレスは、そうした習慣づけに「ノモス」（法／制度／慣習）が大きく作用することを知っていた。彼は徳の教育の内実を体系的に述べていないが、各所の記述から推測すると、①徳の涵養には共感する力や、名誉と恥の感覚や、美の認識が不可欠であること、②それらの力がさまざまな環境（たとえば家庭や学校）のなかで、さまざまな手段（たとえば政治弁論の聴取や悲劇作品の鑑賞）を通じて形成されること[5]、③それらが徳ある行為を実践的に真似るなかで強化されること——こうしたことを考えていたのは確実である[6]。

　アリストテレスの見解は、スポーツマンシップの形成という文脈で考えても十分に説得力がある。たとえば、ゲームに対する敬意が共有され、フェアプレイが励まされて非スポーツ的な行為（無気力なプレイやアンフェアなプレイ、対戦相手を侮辱する言動など）が蔑まれる、そのような文化が醸成されたチームでは、人々は自然と「スポーツマンであること」を名誉とし、非スポーツ的な行為を恥と感じるようになると期待できる。他方で、チーム内に勝利至上主義的な文化が蔓延していれば、いくら指導者が「スポーツマンシップ」の大切さを教え、フェアプレイや「試合後の握手」を強制しても、求められる価値観や態度、動機、感情、性格などを身につけるのは難しい。家庭やメディアも、スポーツマンシップの形

成に寄与する重要なファクターである。フェアプレイの末の敗北に落胆し、叱責する保護者の下でスポーツマンシップを育むことは容易ではないし、メディアもまた、対戦相手の尊重やルールの遵守を気にかけず、勝利のみを礼賛する報道を発信することで、スポーツマンシップの形成を妨げる可能性がある。

　このように、スポーツマンシップの形成はさまざまな力の習得を必要するが、それらのものはさまざまな環境のなかで、さまざまな仕方で習慣づけられるのである。したがって私たちは、教室だけでなく、より広い空間をスポーツマンシップ教育の舞台と見なさなければならない。重要なのは、スポーツマンシップ教育の当事者が、こうした多岐にわたるファクターを視野に入れて教育を実践することである。たとえばスポーツの指導者は、生徒たちにスポーツマンシップの概念を正確に理解させ、適切なスポーツ行為を教えなければならないが、それと同時に、みずからもそうした価値観を行為のなかで示すように心がけ、チーム内にスポーツマンシップに適した行為を名誉とする文化を育むことが大切である。また、スポーツの価値について保護者と対話するよう生徒たちを促したり、メディアの情報を批判的に読みとく方法を教えたりすることも、求められる心的状態の形成に役立ちうる。

　このような広い意味でのスポーツマンシップ教育をつうじて、人はスポーツを人生のなかに適切に位置づけ、勝利や敗北に対する態度や、仲間や対戦相手に対する敬意を学んでいく。スポーツマンシップ教育の成果測定が困難であるのはそのためである[7]。しかし、だからといってその教育を放棄していいことにはならない。「重要なことすべてが測定できるわけではなく、測定できることの大部分は重要ではない」（Muller, 2018；松本訳，2019，p.30）のである。

7.　おわりに

　そもそも、なぜスポーツマンシップは重要なのか。その答えはスポーツマンシップ概念の分析をつうじてすでに示されている。しかし最後に、アメリカの哲学者ヌスバウムの議論を手がかりに、スポーツマンシップの社会的役割についても考えてみたい。

　ヌスバウムは、経済的な価値ばかりを追求し、人文学と芸術を軽視する現代社会のあり方に警鐘を鳴らし、これらの分野が人々に重要な能力を授けていることに注意を喚起する。彼女によれば、人文学は批判的思考力を培い、自己自身や他

者との関係を深め、自己理解を促進する点で重要である。そして芸術は美的な感覚を養い、想像力を刺激し、共感力を育む点で重要である。彼女はさらに、これらの分野は個人の満足感を高め、人生の質を向上させるだけでなく、多様な他者と共存し、より良い社会を築くために不可欠であるとも指摘する。

　　人文学と芸術は金儲けよりもはるかに大切なことを行なっているのです。生きる価値のある世界を、敬意と思いやりに値する独自の思考や感情を持った十全な人間として他人を見ることができる人々を、共感と理性に裏打ちされた議論によって恐怖と疑念を乗り越えることができる国々を、人文学と芸術は作り上げているのです。（Nussbaum, 2010；小沢・小野訳，2013，pp.182-183）

　人文学と芸術が危機に瀕する状況で、ヌスバウムの言葉は痛切に響く。一方で、スポーツはこれらの分野と対蹠的に経済的価値が公認され、経済と手を携えて発展してきたためか、スポーツの教育的価値を擁護する必要性に迫られることが比較的少なかった。スポーツマンシップという理念の退潮には、測定執着の影響とともに、疑いなくこのような事情があったように思われる。
　しかし、スポーツマンシップ教育は元来、多くの人々が社会改善を託した理念でもあったのである。キーティングが引いたピウス12世の言葉を思い出そう。

　　それ［フェアプレイ］は騎士道的で礼儀正しい競争です。精神を卑劣さや、欺瞞や、虚栄心と報復心の暗い策略から引き上げ、閉鎖的で頑迷なナショナリズムの過剰から守るものなのです。スポーツは、忠誠心、勇気、不屈の精神、決断力、そして普遍的な兄弟愛の学校なのです。（Keating, 1964, p.22）

　スポーツマンシップは人々の精神を成長させ、敵意に満ちた争いを「騎士道的で礼儀正しい競争（emulation）」へと昇華させる。私たちは、そのような理念の価値をもう一度見なおすべきではないだろうか。

【注】
1)　Stanford Encyclopedia Philosophy（SEP）の「スポーツ哲学」の記事（Devine & Lopez Frias, 2020）では、スポーツ哲学の8つのトピックの筆頭に 'Sportsmanship' が挙げられている。
2)　以下、アリストテレス『ニコマコス倫理学』からの引用は、すべて朴一功の翻訳（アリ

ストテレス , 2002）を用いた。

3)　この点は藤田（2022）で詳述した。

4)　筆者は、もろもろの動機や欲求を統合し、行為者性（agency）を高めつつアイデンティティを構成するスポーツマンシップの働きを、カルフーンの「態度的コミットメント」（Calhoun, 2009, pp.631-632）という概念に基づけて説明した（藤田，2023，pp.26-27）。

5)　古代において、詩は現代におけるメディアの役割を果たし、重要な教育手段でもあった。Havelock（1963，村岡訳，1997）を参照。

6)　アリストテレスの道徳教育における「習慣づけ」の具体的な内容については、Dow（1998, Chapter 3）に手際よくまとめられている。

7)　スポーツマンシップの形成に寄与するファクターの複雑性が教育成果の測定を困難にする問題に加えて、そもそもスポーツマンシップの有無が定量的に測定できるのかという課題がある。スポーツマンシップは、単純な知識の所持でも単純な行為の産出でもなく、ある種の行為を、一定の仕方で、安定的に生み出す心的状態を指す。そのため、どれほど条件を整えても、実験者・観察者が読み込む「行為の仕方」は、つねに実際の行為者のそれと相違する可能性がある。

【引用文献】

Butcher, R., & Schneider, A. (1998). Fair Play as Respect for the Game. *Journal of the Philosophy of Sport*, 25 (1), 1–22.

Calhoun, C. (2009). What Good is Commitment?. *Ethics*, 119 (4), 613-641.

Devine, J. W., & Lopez Frias, F. J. (2020). Philosophy of Sport. In E. N. Zalta (Ed.), The Stanford Encyclopedia of Philosophy (Fall 2020). Metaphysics Research Lab, Stanford University. https://plato.stanford.edu/archives/fall2020/entries/sport/

Dow, L. R. (1998). *Growing up Happy, Aristotle's Theory of Moral Education* [Dissertation]. University of Toronto.

Feezell, R. M. (1986). Sportsmanship. *Journal of the Philosophy of Sport*, 13 (1), 1-13.

Havelock, E. A. (1963). *Preface to Plato*. Harvard University Press. （ハヴロック，E. A.，村岡晋一（訳）（1997）『プラトン序説』新書館）.

Hemphill, D., & Wilson-Evered, E. (2016). *Sport Integrity Readiness Kit*. Victoria University.

JADA（2022a）「2021 年度アンチ・ドーピング規則違反決定一覧表」https://www.playtruejapan.org/entry_img/ADRV_result_2021_20220613v2.pdf

JADA（2022b）「2021 年度 / 令和 3 年度 ドーピング検査実施統計」https://www.playtruejapan.org/entry_img/R03_2021_DC.pdf

JSC（2014）「スポーツ・インテグリティの保護・強化に関する業務」https://www.jpnsport.go.jp/corp/gyoumu/tabid/516/default.aspx

Keating, J. W. (1964). Sportsmanship as a Moral Category. *Ethics*, 75 (1), 25-35.

Muller, J. Z. (2018). *The Tyranny of Metrics*. Princeton University Press. （ミュラー，J. Z.，松本裕（訳）（2019）『測りすぎ：なぜパフォーマンス評価は失敗するのか？』みすず書房）.

Nussbaum, M. C. (2010). *Not for Profit: Why Democracy Needs the Humanities*. Princeton University Press. （ヌスバウム，M. C.，小沢自然・小野正嗣（訳）（2013）『経済成長がすべてか？：

デモクラシーが人文学を必要とする理由』岩波書店).

Sessions, L. W. (2004). Sportsmanship as Honor. *Journal of the Philosophy of Sport*, 31 (1), 47-59.

WADA. (2021). Anti-Doping Rule Violations (ADRVs) Report. https://www.wada-ama.org/sites/default/files/2022-01/2019_adrv_report_external_final_12_december_2021_0_0.pdf

WADA. (2023). Contributions to WADA's Budget 2023. https://www.wada-ama.org/sites/default/files/2023-05/wada_contributions_2023_update_en.pdf

阿部生雄 (2009)『近代スポーツマンシップの誕生と成長』筑波大学出版会.

アリストテレス『ニコマコス倫理学』(朴一功 (訳) (2002) 京都大学学術出版会).

石井昌幸 (2013)「19 世紀イギリスにおける「スポーツマンシップ」の語義」『スポーツ社会学研究』，Vol. 21 (2)，pp.31-50.

勝田隆 (2017)「スポーツ・インテグリティの価値に関する研究：スポーツ組織の取り組みに着目して［博士論文，早稲田大学］」https://waseda.repo.nii.ac.jp/?action=repository_uri&item_id=40323&file_id=20&file_no=1

川谷茂樹 (2005)『スポーツ倫理学講義』ナカニシヤ出版.

友添秀則 (2015)「スポーツの正義を保つために：スポーツのインテグリティーを求めて」『現代スポーツ評論』，Vol.32，pp.8-17.

広瀬一郎 (2014)『新しいスポーツマンシップの教科書』学研教育出版.

藤田大雪 (2022)「スポーツマンシップの構造：徳倫理学的アプローチ」『大阪成蹊大学紀要』，Vol.8，pp.85-92.

藤田大雪 (2023)「スポーツマンシップの源泉：コミットメントの哲学を手がかりに」『大阪成蹊大学紀要』，Vo.9，pp.23-30.

文部科学省 (2012)「スポーツ基本計画（第 1 期）」https://www.mext.go.jp/component/a_menu/sports/detail/__icsFiles/afieldfile/2012/04/02/1319359_3_1.pdf

文部科学省 (2017)「スポーツ基本計画（第 2 期）」https://www.mext.go.jp/sports/content/1383656_002.pdf

文部科学省 (2022)「スポーツ基本計画（第 3 期）」https://www.mext.go.jp/sports/content/000021299_20220316_3.pdf

安永太地・塩田真吾 (2021)「スポーツ・インテグリティ教育に関する国内研究動向の調査：スポーツ・インテグリティとその問題群の教育に着目して」『静岡大学教育実践総合センター紀要』，Vol.31，pp.78-88.

第2章

スポーツ×STEAM教育の可能性

―部活動の地域連携を見据えた「未来のブカツ」を
中心に―

吉倉秀和

○**本論における考えるポイント**
・スポーツの本質から考える、新しいスポーツの形とは？
・スポーツを題材にした学びの STEAM 化とは？
・ユース年代における理想的なスポーツとのかかわり方とは？

1. 経済産業省が考えるスポーツ産業政策の姿

　2021 年 11 月、経済産業省サービス政策課において訓令室として新たにスポーツ産業室を設置した。これにより、スポーツ DX と地域スポーツを中心命題とした具体的施策を省内横断的に強力に展開する体制を構築し、スポーツ庁と連携しながら、スポーツ産業の成長産業化に向けた施策を展開している。また、サービス政策課においては教育産業室として教育産業も所管しており、スポーツと教育の親和性を理解しながら産業としての発展を視野に入れた施策を実施している。

　これまで経済産業省サービス政策課においてはスポーツ施設提供業とスポーツ教授業を所管していたが、これに「プロスポーツチームの経営力強化」という命題も加え、スポーツ産業の総合的政策立案機能を有した組織としての展開を目指している。経済産業省においては、フィットネス産業を所管するヘルスケア産業課やスポーツ用品業を所管する製造局生活製品課といったスポーツ関連課室が複数存在しており、こういった省内関係部局との連携も視野に入れながら、スポーツ産業振興に務めている。

　他方、スポーツ庁はスポーツ政策の総合的推進の役割を担っており、スポーツ団体を所管しながら、スポーツ振興に資する公益的な活動の推進や、産業界と連携したスポーツの普及や競技力向上を目指しているため、両省庁にて連携しながら施策を推し進めていくことで、効果的なスポーツの成長産業化を展開することが可能となっている。

　スポーツ産業室における政策の全体像は①スポーツ DX の推進を中心としたトップスポーツの成長と②サービス業としての「地域スポーツクラブ」の育成であり、政府としてスポーツ産業 15 兆円市場規模の達成目標を掲げている現在、これらを個別単体で成長促進させていくのではなく、車の両輪としてヒト・モノ・お金・情報といったリソースが好循環するようなエコシステムを実現化させるような産業政策が必要であると考えている。国内におけるスポーツ産業はもとよりスポーツは文部科学省が所管していることもあり教育的側面が土台となってい

る。しかし、世界におけるスポーツならびにスポーツ産業の潮流はボーダレスかつビジネス視点で取り組まれているのが基本であり、国内スポーツ産業においても同様の目線で取り組むべきという問題や課題は多く、それに焦点を当てた政策としての取り組みが必要であることは明らかである。

　トップスポーツの成長においては、スタジアム・アリーナの更なる高度化やスポーツDXを用いた新しい収益源の発掘、そしてWeb3.0を用いた新しいスポーツ産業の開拓など取り組むべき課題や伸び代が多く存在している。特に、欧米におけるスポーツDXの取り組みやスポーツベッティングをはじめ、その他データを用いたコンテンツのひとつであるファンタジースポーツ等、日本のプロスポーツ市場を拡大させるための取り組みやエッセンス、それに関するプロセスなどを理解しながら、日本国内プロスポーツ産業に成長に対して、何が必要なのか（あるいは不必要なのか）考慮しながら、市場拡大政策を戦略的に構築していく必要がある。

　また、地域スポーツクラブの育成についても、部活動の地域移行を契機とする地域スポーツの産業化や子どもたちにおけるスポーツ環境のあるべき姿を模索するとともに、トップスポーツクラブからの資金や人材の環流によるスポーツ現場の専門性－すなわち、非科学的な気合いや根性だけで成立させようとする練習方法ではなく、スポーツ科学やエビデンスに基づいた、そして子供達にとってスポーツが楽しいと心底感じられる環境やシステムづくりを行いながら産業化を目指していきたい。

　前述の通り、それぞれの政策は単独ではなく車の両輪として捉えることが重要であり、循環するシステムをどのように設計し実行していくかがポイントとなる。トップスポーツクラブの成長により稼いだ資金を地域スポーツ活動の振興や環境整備にも流入させ、トップアスリートのセカンドキャリアにおいても地域スポーツ振興活動が真っ当な対価を得られるような職業の選択肢となるようなものにする。それにより、プロスポーツクラブが真に地域と密着しプレゼンスを更に向上させ、地域住民にとって必要不可欠な公共財的存在となることにより、これまで無関心層であった新たな顧客をトップチームの興行やイベントに呼び込むことが可能となり、ファンやサポーターといったコア層を獲得することも視野に入る。さらに、幅広いレベル層へのスポーツ教室を展開することにより、次世代アスリートの育成やグラスルーツ活動の実施ならびに収益化など地域スポーツの産業化に向けた取り組みが実施されることとなり、地域スポーツ事業がスポーツの成長

産業化の一助となるポテンシャルまで包含することとなる。こういったトップスポーツと地域スポーツが連接する新しいスポーツエコシステムを構築し、ヒト・モノ・お金・情報が循環する産業政策を実施していきたいと考えている。

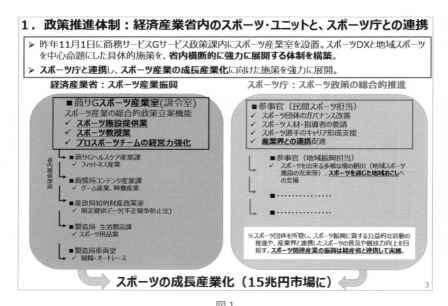

図1
出典：スポーツイノベーション研究会発表資料より

2. 未来のブカツと未来の教室

2.1 未来のブカツを考える

スポーツ産業室では、様々な取り組みの中でも、本テーマに関連する事項として、文部科学省による「令和5年度から休日の部活動を段階的に地域移行する」との方向性を受け、民間の地域スポーツクラブが受け皿になる可能性と課題を検討してきた。その検討する場として、2020年10月から「地域×スポーツクラブ産業研究会」を設立し、2021年6月には「未来のブカツ」に関する第一次提言を公表。現状における課題や今後必要とされる取り組みに関する提言をおこなった。第一次提言公表後は、全国10カ所にてフィージビリティスタディ事業を実施。

保護者負担の程度や採算の合う事業運営の在り方、場所や指導者の確保、合意形成の在り方等を検証した。その結果を踏まえながら、2022年9月には「未来のブカツ」ビジョンを公表し、部活動の地域移行を契機としつつ、それを自己目的化することなく、U15/U18年代のみならず、生涯スポーツ環境としての「未来のブカツ」としてスポーツ社会システムの再デザインを提案した。

　2021年度に実施したフィージビリティスタディ事業においては、事業を通じた課題として、やはり自然体では不採算であり事業性を検討せねばならないこと、しかし、採算を追えば機会格差が生じることが各プロジェクトで明らかとなった。また、場所・移動手段・コーチング機会確保についても柔軟な対応や対策が必要なことも複数のプロジェクトで明らかとなった。ただし、そういった課題に対する解決や対応策を協議したいという意向があっても、ファーストペンギンを避けたい自治体心理に直面し、協議会や意見交換の場においても、「議論のラリー」が続かない事案が多く発生したのも課題のひとつであった。フィージビリティスタディ事業に対する取り組み自体は評価され承認されるものの、では次年度以降どのようなシステムチェンジを行うか？という議論になればなかなか合意が得られず、翌年度以降継続的な実施や取り組み検討がなされなかったという現実もあった。それが複数の現場にて発生したことは大きな課題であり、果たして子供たちの地域スポーツ環境に関する課題に対して、どれだけのモチベーションやパッションがあるのかは疑問を持たざるを得ない。

　そして、「未来のブカツ」ビジョンにおいては、その実現に向けて以下の通り5本柱の施策群を提言した（図2）。

　まずは、①大会。大会参加資格の拡大と大会レギュレーションの活用である。現状として、多くのスポーツ大会はトーナメント形式のいわゆる一発勝負であり、また、1つの中学校クラブから1チームしか出場を認めないというケースが一般的である。各3年間という貴重な中高年代の期間において、ほとんど公式戦に出られずに卒業してしまうといったこれまでの慣習を見直す時期に来ているのではないだろうか。すべての選手が出場可能な年間通じたリーグ戦の開催や、競技レベルに応じたブロックリーグの設置、全国大会の必要可否の検討など、各競技団体におけるレギュレーションの整備は今般の部活動の地域移行におけるクリアせねばならない最大の課題であると考える。

　次に、②場所。学校体育施設の民間事業者への開放や有効活用方法の検討、移動手段の多様化への対応といった課題へのアプローチが必要であると考える。特

【1】「未来のブカツ」ビジョン（地域×スポーツクラブ産業研究会（2020.10〜2022.04）第2次提言）

➢ 文科省の「令和5年度から休日の部活動を段階的に地域移行する」との方向性を受け、**民間の地域スポーツクラブが受け皿になる可能性と課題を検討。**

➢ 第1次提言を公表（2021.6）後、**全国10カ所でフィージビリティスタディ事業を実施し、親の負担の程度や採算の合う事業運営の在り方、場所や指導者の確保、合意形成の在り方等を検証。**

➢ <u>その成果を踏まえ、「未来のブカツビジョン」では、部活動の地域移行を契機としつつ、それを**自己目的化することなく、**中高生世代のみならず、生涯スポーツ環境としての「未来のブカツ」の**スポーツ社会システムの再デザイン**を提案。</u>

「未来のブカツ」FS事業	「未来のブカツ」ビジョン（2022年9月）

フィージビリティスタディ事業

＜FSから浮き彫りになった課題＞

◆ 自然体では不採算、採算を追えば**機会格差に**
◆ 場所・移動手段・コーチング機会確保に向けた柔軟な対応
◆ ファーストペンギンは避けたい自治体心理
◆ 合意に向けた関係者間で「議論のラリー」が続かない

＜「未来のブカツ」実現に向けた5本柱の施策群＞

① **大会**：大会参加資格の拡大と大会レギュレーションの活用
② **場所**：学校体育施設の営利事業への開放、移動手段の拡大
③ **人**　：教員の兼業許可の柔軟化を含めた**指導者の確保**
④ **財源**：所得格差由来の機会格差を埋める**資金循環の創出**
⑤ **方針**：学校部活動の地域移行の見通しと制度的位置づけの早期明確化

図2
出典：未来のブカツビジョンより

に学校体育施設の有効活用については、現状各地域にて実施されている開放事業ではなく、例えば指定管理者制度等を用いた民間ノウハウを最大限に活かした施設の利活用が求められ、授業時間とスポーツ活動時間を分離し、授業で使われていない時間を多世代で利用できるスポーツ教室を実施し、それを収益事業とするなど、学校という恵まれた立地条件を活かした事業を展開することで地域スポーツ環境の向上が見込めるのではないかと考える。学校は当然学生諸君の学びの場ではあるが、多世代が活動できるコミュニティの場へとアップデートすることも必要なのではないかと考える。

　施策群として一番重要なのは③人。教員の兼業許可の柔軟化を含めた指導者の確保をはじめとする民間事業者との連携やプロスポーツチームによる指導機会といった連携も視野に入ってくる。また、こういった活動に対する④財源の確保も解決せねばならないポイントであり、基本的な受益者負担をどこまで許容するかや、所得格差由来の機会格差を埋める資金循環の創出など、これまで基本的に実質無料と考えられ、また実施出来ていた部活動をどのようにして経済活動として成立させるのかという点においても、現場における課題は複数存在している。そして、最後に⑤方針である。学校部活動の地域移行に関する見通しと制度的位置

づけの明確化について、強いメッセージや明確なシステムの提示など各自治体や各地域にてスムーズに実施できるような方針やスケジュールなどをきちんと提示することが重要となってくる。

　人や方針については、現在継続的に指導を実施したいと考えている学校部活動の顧問を務めている教員に対して、その業務を剥奪するような必要は無いと考えている。一方、その対極にいるスポーツ指導経験の無い教員が現場の監督や指導業務を担っているという現実に目を向けながら、果たしてそれが当該教員にとって真に重要な業務であるかどうか、そして指導を受ける学生たちにとって有益な機会であるかという点は考えなければならない問題点である。これまでの実証事業において、競技経験のない部活動を担当している教員へのヒアリングなどでは、コロナ禍において部活動が停止したことにより授業研究の時間が確保され、自身の専門性やスキルアップに業務時間を費やすことが出来たという声を聞いた。学校教員において必要な業務とは何か？キャリアアップとは何か？を考えるタイミングが今なのではないかと考える。

　そして、これらの施策群について、我々としては段階的ではなく、2020年代前半中にまとめて実施することが大事であると考える。つまり、一気に環境を整えてから実証事業などを展開し、さらに見えてくると思われる課題や問題点を明らかにすることが重要であり、その課題をアップデートするために必要な施策などを協議する。このプロセスを複数回、複数期間にわたり繰り返さなければ、部活動の主役である子供たちにとって理想的な環境とは何か？という問いに対する適切な解を早期に見出すことは難しい。

2.2　未来のブカツの土台となる未来の教室ビジョン

　関連して、経済産業省サービス政策課には教育産業室が構成されており、政府の「GIGAスクール構想」を中心に、関係省庁を挙げた学校現場のデジタル環境を整備している。教育産業室においては「未来の教室」事業を展開しており、新しい学習指導要領のもとで、1人1台端末と様々なEdTech（エドテック）を活用した新しい学び方を実証する「未来の教室」実証事業を、2018年度から全国の学校などと進めている。

　教育産業室においては「未来の教室」ビジョンを発出し、2018年における第1次提言では、「一人ひとりが未来を創る当事者（チェンジ・メイカー）」に育つ環境づくりが必要とし、①「50センチ革命」、②「越境」、③「試行錯誤」という3

つの力の育成を掲げた。「50 センチ革命」とは現状に満足せず変化に向けた小さな一歩を踏み出すこと、「越境」とは従来の分野や組織を超えて多様な人や知識に触れて協働すること、「試行錯誤」とは失敗を恐れず挑戦し、その結果から学び、次の一歩に進み続けることを意味し、デジタル技術が社会を変えている中、教育環境においても同様の流れが起きていることが把握できる。一人ひとりの子ども達に個別最適化された学習機会を提供することを可能にした EdTech を筆頭に、一律・一斉・一方向型の従来の教育になじみにくい子ども達への最適化対応も可能にすることを提言としてまとめている。

　また、未来の教室ビジョンにおける 3 つの柱として、①「学びの STEAM 化」、②「学びの自立化・個別最適化」、③「新しい学習基盤づくり」という 3 つの力の育成を掲げている。「学びの STEAM 化」とは、一人ひとりのワクワクする感覚を呼び覚まし、文理を問わず教科知識や専門知識を習得する（＝「知る」）ことと、探究・プロジェクト型学習（PBL）の中で知識に横串を刺し、創造的・論理的に思考し、未知の課題やその解決策を見出す（＝「創る」）こととが循環する学びを実現することとし、「学びの自立化・個別最適化」とは子ども達一人ひとりの個性や特徴、そして興味関心や学習の到達度も異なることを前提にして、各自にとって最適で自立的な学習機会を提供していくこととしている。また、「新しい学習基盤づくり」とは上記 2 つの教育を実現するための新たなインフラ整備を指し、テキストやコンテンツの作成に加えて、ICT 環境やグループワークが可能な施設整備など新しい学びに対する環境整備も求められることとなる。

　以上の「未来の教室」ビジョンにおける 3 つの柱を踏まえながら、スポーツ活動ならびに部活動の地域移行における仮説的共通点として、スポーツ活動においても、（1）一人ひとりがワクワクする感覚と専門知識の習得、（2）各自にとって最適で自立的な学習機会の提供、（3）新たなインフラ整備が必要であるということは記しておきたい。我々が経験してきた部活動のイメージは（競技経験など問わず）顧問の先生の指示や指導が絶対で、気合いと根性で苦難を乗り越えるといったスポ根的な印象が強いが、新しい時代の地域スポーツ活動を構築していくという観点では、やはり上記のような知識習得や自立的な学習などスポーツ活動を通した主体的な学びの環境をどう構築していくか？という大きな課題であり目標を大切にしていくべきであると考える。

　前述の通り、未来の教室プロジェクトでは「学びの STEAM 化」を掲げているが、「STEAM」とは、「STEM」＋「Arts」を組み合わせた造語であり、学校、民

間教育、産業界が連携することで創造される新しい学びの形を目指した取り組み
が展開されている。実際に探究的に学びを深めることが出来る動画集を「STEAM
Library」としてオンラインライブラリー化し、いつでもどこでも学習可能な環境
の構築に努めている。体育・スポーツ関連においても、Jリーグ協力のもと、「J
リーグから学ぶサッカーのデータ分析」と題したスポーツアナリティクスの基礎
や試合の分析、またチームマネジメント手法などの学習動画が保存されている。
また、スポーツ産業関連においても、2020 東京オリンピック・パラリンピック
にて使用された新国立競技場がどのようなコンセプトで設計され建築されたのか
が解説されている。

　このように「未来の教室」ビジョンにおいては、教育現場における将来像が描
かれているが、それは部活動ひいては地域のスポーツ活動においても同様の未来
像や課題感を挙げることが出来る。仮説的共通点ではあるが、一人ひとりが参画
している競技に対してどれだけワクワクする感覚を持ちながら活動しているか、
また専門知識の習得に努めているか。そして、スポーツ指導を担当する顧問や指
導者は子ども達にとって最適で自立的な学習機会の提供を出来ているか、さらに
は、そういった条件を満たすインフラはどの程度整備されているのかという点に
ついて、確認ならびに再考しなければならないステータスであることは自明であ
る。

　これらの観点を踏まえながら、スポーツ活動における「学びの STEAM 化」に
向けた乗り越えるべき課題についても考察してみたい。まずは① STEAM 学習プ
ログラムがまだまだ足りないということが挙げられる。多様な学びの環境創出に
向けたコンテンツ作成が喫緊の課題である。それは教育産業ならびに教育現場で
作成するということだけではなく、前述の J リーグの事例のように民間事業者が
いかに関与し豊富なコンテンツをラインナップ出来るか？ということも教材にバ
リエーションをもたらすこととなる。チームやリーグ、アスリートなど多様な人
が関わる深みのある教材づくりが必要となり、またこういった教材開発がスポー
ツチームにとって新たな収益源となる可能性もあることは理解しておきたい。次
に、② PBL が不足していることが挙げられ、スポーツならびにチーム活動を通
じた主体的かつ探究的な学びの機会構築も課題であろう。いわゆる 1 日職場体験
ではなく、複数日や 1 週間といった期間を費やしながら地域や社会における課題
に対して、いかにスポーツを通じて解決を図ることが出来るのか？といったテー
マを設け、学びを深める学外学習機会を設けることの重要性を認識しておきたい。

最後に、③他者との協働に不可欠な情動対処やコミュニケーション能力といったスキル開発も重要である。いわゆるチームビルディングやチームマネジメント手法を学びながら、スポーツ活動を通じた社会性の醸成機会となるようなプログラムを事業として展開し、スポーツによるコミュニケーション効果の理解や、チームワークとは何か？といった技術向上以外のスポーツの効用を学ぶことが出来るコンテンツやプログラムの実践も学びのSTEAM化に向けて、非常に重要な課題であると考える。

「未来の教室」が目指す姿

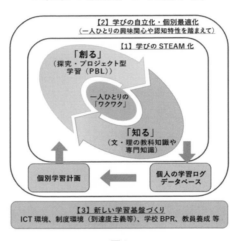

図3
出典：未来の教室HPより

「未来の教室」ビジョンにおいては、スポーツ関連の提言も含まれており、「部活動に縛られない新しい放課後のあり方の創出」、「産業界・民間教育・研究機関・地域社会と学校教育の協働（社会とシームレスな学校づくり）」のふたつが主な提言内容である。

また、学校部活動の地域移行について、単に運動部活動を学校から切り離すということではなく、子供たちの望ましい成長を保証できるよう、地域の持続可能で多様なスポーツ環境を一体的に整備し、地域全体で子供たちの多様なスポーツ体験機会を確保する必要があることを記載している。この「地域移行」という言

葉から、部活動や指導者のアウトソースと捉えられることがあるが、今般の運動
部活動改革を契機として、中学生にとどまらず多様な世代が参加する地域のスポ
ーツ環境の充実を図る機会にしていくことが重要である。もちろん、現状の課題
としては教員の働き方改革などが挙げられることから、いかに業務負担を分散さ
せるか？ということに注視してしまいがちではあるが、本件の主役はあくまでも
子供たちであり、子供たちのスポーツ環境をどのように構築していくか？という
観点が主になるよう研究会や実証事業等を通じた機運情勢が必要である。

3.　大切にしたい「未来のブカツ」の本質

3.1「地域×スポーツクラブ産業研究会」が目指していた姿

　前述の通り、スポーツ産業室において 2020 年 10 月に「地域×スポーツクラブ
産業研究会」を立ち上げた。本研究会で目指していたゴールとは、「地域スポー
ツクラブが学校部活動と並存・補完関係になり、次第に代替していく姿」であり、
徐々にスポーツ環境が学校から地域へ移行していく未来像であった。

　また、プロスポーツチームあるいは実業団などトップレベルのスポーツチーム
が地域と関わりを持ち、地域スポーツクラブと連携を持つあるいは自ら地域スポ
ーツクラブを立ち上げ、地域住民や子どもとの接点をスクールやイベントを通じ
て創出し事業化していくことで、トップスポーツと地域スポーツの新たなネット
ワークやコミュニティの形成といった新たなスポーツ産業市場の構築や新たな価
値の創出が見いだせることが可能となり、そのポテンシャルは非常に大きいもの
であると考える。学校現場におけるいわゆる教員の働き方改革や部活動における
合同チームでしか成り立たないスポーツなど現場レベルでの諸課題はたくさんあ
るが、その問題解決を目的とすることなく、子ども達にとって必要なスポーツの
環境や教育の環境とはどうあるべきか？に主眼を置いて地域の問題としてすべて
のステイクホルダーが関与しながら取り組んでいかなければならないということ
も記しておきたい。

　主な検討事項や未来像イメージは図 4、5 の通りである。

　一方で、スポーツ庁が実施していた「運動部活動の地域移行に関する検討会議」
においても、以下の提言がなされていた。それは、「今後は学校単位から地域単
位での活動に積極的に変えていくことにより、学校における働き方改革を推進し、
学校教育の質向上につなげる」ことや、「運動部活動の地域移行は、単に運動部

２．主な検討事項

（1）スポーツクラブ産業が、地域の学校体育施設・社会体育施設の指定管理や更新投資への参画を進めることにより、施設の質的な向上や稼働率の向上を進め、質の高いスポーツ環境をジュニアからシニアまで世代を問わず地域住民に提供する上での課題と対策は何か。

（2）指導者としてのトレーニングを積んだ人物が、その力量に見合う対価を得てスポーツ指導にあたる環境を生み出す上での課題と対策は何か（特にアスリートのセカンドキャリアや、教師の兼業としての従事に着目）。

（3）スポーツの「習い事化」が進むことで、親の所得格差による子どもにとっての機会の不平等が可能な限り生じさせないために必要な対策は何か。

（4）その他、地域社会・地域経済の核としてスポーツクラブ産業がそのポテンシャルを発揮して成長し、地域住民に裨益するために検討を必要とする事項について。

図４
出典：第１回　地域×スポーツクラブ産業研究会　事務局資料より

図５
出典：第１回　地域×スポーツクラブ産業研究会　事務局資料より

活動を学校から切り離すということではなく、子供たちの望ましい成長を保証できるよう、地域の持続可能で多様なスポーツ環境を一体的に整備し、地域全体で子供たちの多様なスポーツの体験機会を確保する必要がある」こと、そして、「運動部活動の改革を契機として、中学生にとどまらず多様な世代が参加するスポーツ環境の充実を図る機会にしていくことが重要である」旨が最終提言に取りまとめられていた。

すなわちこれは、スポーツ庁、経済産業省ともにお互いの方向性に相違はないことは明白であるがそのアプローチやプロセスについて、取り組み方や考え方に

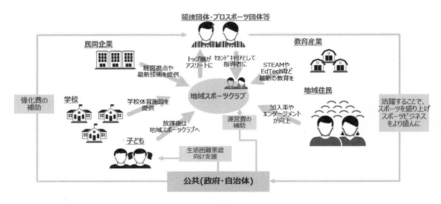

少しだけ目線の違いが生じており、我々経済産業省のミッションとしては、「地域スポーツの産業化」と「ユース年代におけるスポーツ環境の改善」という2点であり、このミッションはブレることなく取り組みを進めていかなければならない。

3.2 U15/U18世代におけるスポーツ環境の本質的課題

　さて、本研究会と2021年度の実証事業の成果を得て2022年9月に発出した未来のブカツビジョンにおいて、U15/U18世代のスポーツ環境における解くべき課題の整理として、以下3点を挙げた。

　課題①　「もはや学校単位ではチームを組めない」
　課題②　「関係者にボランティア負担が寄る」
　課題③　「科学的・長期的・選択的な視座」

　重要な考え方として、未来のブカツFS事業から得た示唆として、「部活動の地域移行」自体が目的化してしまうと、関係者の合意形成が困難を極め、「手段」の設計に柔軟性が失われる可能性があるということが挙げられる。また、「学校部活動の地域移行」という手段がなぜ必要なのか、解くべき課題の本質は何かを明確にしなければ、「手段の目的化」を招きかねないということも理解しておく必要がある。
　よって、地域レベルでの丁寧な合意形成を進める上で、まず先に共有されるべきU15/U18世代のスポーツ環境における「解決すべき課題」として上記を挙げながら、①少子化の中で多様な種目の経験機会をつくるにはどうすればよいのか？②関係者間における断れない、対価もないといった苦しいスポーツ環境を変えるには？③子供たちがやりたいことを、正しいやり方と、やりたい場所で続けるにはどうすればよいのか？といった具体的な課題に対して、議論と実行を繰り返していくことが各現場において求められる。重要なこととして、学校部活動のアウトソースや活動頻度を一律で減らすことといった取り組みを実行するだけで解決することではないということは理解しておきたい。経済産業省が実施したFS事業においては、いわゆる「ファーストペンギンを避けたい心理」を複数の現場にて遭遇した。取り組まなければならない事象であることは認識しているが、他の自治体の動向を把握してから検討したい意向が表面化し、なかなか合意形成

を得られない、または実行できないというシーンに直面した。これは果たして、U15/U18世代にとって望ましいスポーツ環境実現に向けた姿勢なのかどうかは今一度検討しなければならない。

　今後、各地域にて改革を進める過程において、そのような現象や、学校部活動の地域移行という「手段」の自己目的化も発生するのではないかと考えられるが、関係者間にて「改革を通じて実現したい価値」の共通理解があることが、そうした混迷を避ける上で重要になる。そこで、未来のブカツビジョンにおいて、今後のスポーツ環境整備によって実現したい3つの価値を以下のように提起した。繰り返しになるが、重要なことは子供たちにとって大切にしなければならない、あるいは望ましいスポーツ環境とは何か？ということであり、部活動のアウトソースや形式的に外部指導員に委託すれば解決という問題ではない。

　一つ目は『「自由意志に基づく」スポーツ環境』である。する側、教える側、支える側すべてに無理がなく、子供たちにとって、対面やオンラインなど問わずスポーツを始める「最初のきっかけ」が存在し、かつスポーツを続けられる環境を構築もしくは整備していくことである。また、教える側や支える側についても、教えたい人が正しく学びながら教え、支えたい人が支える環境づくり、そして採算性あるクラブ運営を通じて、関係者には必要経費や貢献に応じた対価が支払われる組織マネジメントも考慮せねばならない。

　次に、『「選べる」スポーツ環境』である。多様な競技ならびに競技機会を設け、競技志向や娯楽志向といったレベルへの配慮、家計の経済格差に大きく左右されないための補填財源といったスポーツ環境の設計面を大事にしたい。関連して、レベルに応じた公式戦出場機会の確保や同一クラブから複数チームの出場が可能となる大会の設置、クラブ間の移籍も容易で、それを妨げる制約もないといった、いわゆる大人の事情に左右されないレギュレーションもこの機会が再考の場となるのではないだろうか。そして、多世代交流が前提となる、引退のない生涯スポーツ環境の入口となるようなスポーツクラブの在り方についても検討が必要であろう。

　最後に、『「探究的な」スポーツ環境』である。反証不能な、いわゆる"べき論や根性論"に支配されず、子供たちの主体的な探究プロセスが尊重される環境づくりを構築する必要がある。また、指導者側においても科学的エビデンスを尊重した練習内容や練習頻度を設定した環境づくりが求められる。

　こういった価値を理解しながら環境を整備することは容易ではなく、各地域に

おける文化的な背景や歴史、地域の規模、現在におけるリソースの整理など、各自治体ならびに各地域によって現状も課題も長所も短所も異なっていることは明らかであり、つまり一律的な解は存在しないということも理解しておきたい。よって、A町で実行した施策がB町で適用されることが適切かどうかは不明瞭であって、大事なことはユースケースを参考としたそれぞれの地域における最適解を模索ならびに検討することが重要である。まさに、各地域にて設置される協議会の意義はそこであり、ゼロベースで地域のスポーツをどうするのか、未来の子ども達のスポーツ環境をどう設計し育んでいくのかといった議論がなされた後に環境整備計画などが取りまとめられることを期待する。

1 「自由意志に基づく」スポーツ環境：する側、教える側、支える側すべてに無理が少ない
- ✧ 地域社会やオンライン空間の中にスポーツを始める「最初のきっかけ」があり、やりたい子は継続ができる
- ✧ 教えたい人が正しく学びながら教え（コーチ）、支えたい人が支える（保護者・地域住民）
- ✧ 採算性あるクラブ運営の中で、関係者には必要経費や、貢献に応じた対価が支払われる

2 「選べる」スポーツ環境：選べるから、始められる・磨ける・競い合える・続けられる
- ✧ 取り組む競技種目とその数、競技志向・娯楽志向、活動の頻度・強度、コーチを選べる
- ✧ 家計の経済格差に大きく左右されないための補填財源がある
- ✧ レベルに応じた公式戦出場機会がある（同一クラブから複数チームが出場可能）
- ✧ クラブ間の移籍も容易で、それを妨げる制約がない（大会出場停止期間の原則撤廃）
- ✧ 多世代交流が前提で、引退のない生涯スポーツ環境の入口になる

3 「探究的」なスポーツ環境：反証不能な「べき論・根性論」に支配されない
- ✧ 主体的な探究プロセスが尊重される環境がある
- ✧ 科学的エビデンスを尊重した練習内容・練習頻度の環境がある

図6
出典：未来のブカツビジョンより

3.3　運動部活動の地域移行に関する私的考察

　運動部活動の地域移行については、スポーツ庁は2022年12月に発出した「学校部活動及び新たな地域クラブ活動の在り方等に関する総合的なガイドライン」において令和5年度（2023年）から3年間を「改革推進期間」として、その取り組みを推し進めている。子供たちにスポーツを続けたいと思ってもらえるにはどうすべきか、大人たちにスポーツを支えたい（携わりたい）と思ってもらえるにはどうすべきかという問題意識が肝要であり、地域における持続可能なスポーツ環境の構築、整備、充実が主題になるべきである。つまり、学校教育としての部活動と社会教育としての活動の連携は必須であり、これからどうすべきかとい

った協議をする場においても、それぞれの立場から議論が出来る人員で構成された協議会を各自治体や地域にて開催されることが望ましい。

　そこで、これまでの現状認識から考えられる、学術的視点から研究課題への発展についても考えてみたい。現場にて発生している課題、または今後発生しうる可能性の高い課題を考慮しながら、今後の研究テーマとして、以下のような課題が考えられるのではないだろうか。

　まずは、ユース年代学生における理想的なスポーツ環境や適切なスポーツ活動（頻度や強度）といった環境面を主題としたものやマルチスポーツへの活動参加が学生に与えるスポーツ活動への効果や変化といった、学生のスポーツ環境の変革に対する効果測定や実証は各地域において積極的に実施されることを期待したい。現状として、各地域におけるリソースの違いや地域移行の段階が異なるため、明らかとなったモデルが一般化されることは難しいが、モデルケースをひとつでも多く創出し、各地域における検討材料を蓄積することの有効性は明らかであり、スポーツ科学あるいは教育学（体育学）におけるホットな研究フィールドであると考える。

　次にスポーツをテーマにした STEAM コンテンツの開発といったソフト面の研究開発も視野に入ってくる。関連して、参加学生のモチベーションアップに繋がる STEAM トレーニングプログラムの開発や積極的なスポーツ科学の実践（実証実験）もこちらの研究領域となるであろう。運動部活動を担当している競技経験の無い教員（顧問）に対する負担軽減という観点でもソリューション提示となる可能性が見込まれる。また、学生の主体的 / 自発的な学びの環境という観点では、「PBL を中心としたスポーツ活動プログラムの立案と実証的実施」や「PBL を用いたスポーツ活動における参加学生の心理的プロセスの変化」といった活動プログラムに関連する実験的課題も挙げられる。

　最後に考えられるのは、システムや構造的な課題として、「自治体間における部活動の地域移行に関するガイドラインの相違」を比較検証するテーマや「プロスポーツチームにおけるグラスルーツ活動の収益化に向けた実証実験」など、諸課題の解決や検証すべきフィールドは多岐に渡る。それは、半年や年間通じた中長期的な変化や実証に対するステイクホルダーの反応をヒアリングするなど、単発的な実験などでは留まらないフィールドワークなどによる研究が求められる。

4.　地域スポーツの在るべき姿を目指して

　地域スポーツ産業の構築や、地域におけるスポーツ環境を整備する際にスポーツ少年団や総合型地域スポーツクラブ主導によりスポーツ教室などが開催されるケースは散見されるが、プロスポーツクラブによる地域貢献活動を通じたより専門的な参画ならびに産業としての自立を目指すことも一考に値する。その考え方の一端として、「Jリーグ百年構想」と「B.LEAGUE HOPE」を挙げたい。

　Jリーグ百年構想とは、

①あなたの町に、緑の芝生におおわれた広場やスポーツ施設をつくること。

②サッカーに限らず、あなたがやりたい競技を楽しめるスポーツクラブをつくること。

③「観る」「する」「参加する」。スポーツを通して世代を超えた触れ合いの輪を広げること。

　以上3つを掲げ、豊かなスポーツ文化の育成に努めている。Jリーグの各クラブは一見、優勝を目指すトップチームや育成のアカデミーのみを想像しがちであるが、基本コンセプトは「地域に根ざしたスポーツクラブ」であり、それを核としたスポーツ文化の振興活動が当該地域とのつながりを生み出し、その地域にとってかけがえのない存在になる可能性が秘めている。そういう意味でも、例えばJリーグクラブが運動部活動の代替となる地域スポーツクラブを運営することも選択肢として考えられる。現状として、Jリーグクラブがサッカースクールを各地域にて展開されているが、一般的にスクール事業で収益を挙げることは非常に難しいと言われており、各クラブにおけるスクールコーチの雇用形態も正社員ではない業務委託契約であるケースが多く、トップアスリートにおけるセカンドキャリアとしてスクールコーチを選択することに対するハードルが高いことも課題のひとつである。

　また、B.LEAGUE においても、「B.LEAGUE HOPE」という活動を実施しており、以下3つの「P」を掲げながら、地域社会貢献活動を展開している。

　―「PEOPLE」　子どもと家庭支援、インクルージョン、STEAM 教育

　―「PEACE」　復興支援、街づくり、防災

　―「PLANET」地球環境循環型社会

　2つのプロスポーツリーグが共通して展開しているスポーツ活動を通じた「ま

ちづくり」や「社会活動」は、教育効果や地域の課題解決に資するところを考えると、その意義は大きく、単なる貢献活動のみならず他者やステイクホルダーへの波及性も大きい活動であることは理解できる。また、プロスポーツチームにとっても、コロナ禍を経て、いわゆる四大収入源に付随する新たな収益源の模索が重要であり、地域のスポーツ活動が事業として成立するようなビジネスモデルを構築することが出来れば、対価と同様にクオリティの高いスポーツ活動が展開出来る。ただし、スポーツチームにおいては一種の準公共財としてのプレゼンスが求められている部分もあり、全ての事業に対して収益化していくということについて十分留意を払わねばならないことは明らかであるが、それでもビジネスの側面から収益性も担保せねばならない複雑な業種であることも理解しておく必要があるため、スポーツビジネスは難しい業種であることは記しておきたい。

　最後に、日々個人的に考えていることとして、ユース年代学生におけるスポーツ環境の現状について、果たして「誰にとって都合の良いスポーツ環境となっているのか？」ということは記しておきたい。例えば、運動部活動に所属していたものの公式戦1試合も出場出来ずに終えてしまう環境は、誰のための部活動なのであろうか？　目の前の1勝のためにアスリートキャリアの全てを終えてしまうくらい身体に負担を掛ける大会フォーマットは本当に学生の教育を趣旨とした活動なのであろうか？　時間が無いから、場所が無いから、お金が無いから、を理由に効率的合理的な大会概要が重宝され、現場教員やスタッフに余計な負担ばかりのし掛かる現状は、果たして適切なマネジメントと言えるのだろうか？　そういった観点から、未来にあるべきスポーツ環境や地域スポーツ社会を考える恒常的な機会や協議会の場は全国各地にどれくらい存在しているのだろうか。そう考えると、現状におけるスポーツ環境ならびにそれに係る整備は非常に場当たり的であり、また子供たちのスポーツ環境を最優先した大会フォーマットや環境整備がなされていないと考える。

　例えば、子供たちの活動強度に対する各種ガイドラインも徹底的に子供たちの傷害リスクが考慮されているガイドラインはどれだけ存在しているだろうか。米国の野球においては、「MLB Pitch Smart」という児童期および青年期（〜22歳）の投手のためのガイドラインが設置されている。これは、ユース年代のスカウティング競走が過熱されていた現状を鑑み2014年に制定されたもので、米国における投球制限と必要休養期間などが記されたレギュレーションである。投球制限に加えて、各年代に準じた取り組み事項を全ての試合で遵守することが必須とな

っている。

　中学生〜高校生年代における主な遵守（制限）事項は以下の通りとなっており、国内における野球事情と比較すれば全く異なることが理解できる。また、投手に対する投球数ならびに必要休養期間についても、年齢ならびに年代別に厳格に規定されている。

（中学生〜高校生年代の例）

- 変化球の使用は、ファストボールとチェンジアップを安定させてから開始すること。
- 12ヶ月間の投球イニングは**100イニングを超えない**こと。
- 毎年、**4ヶ月以上の休養を取り**、そのうち**2〜3ヶ月は連続した休養**であること。
- 投手としてプレーしていない時に、捕手としてプレーすることは避けること。
- 同じ日に、複数の試合に登板しないこと。
- 年間を通じて、**他のスポーツを実施する**こと。
- 投手は、投球回数に関係なく、3日連続で投手として試合に出場してはならない

図 7
出典：MLB 公式 HP を参照し筆者作成

年齢	1日の最大投球数	投球数に対する必要休養期間				
		0日	1日	2日	3日	4日
8歳以下	50	1-20	21-35	36-50	-	-
9-10	75	1-20	21-35	36-50	51-65	66-75
11-12	85	1-20	21-35	36-50	51-65	66-85
13-14	95	1-20	21-35	36-50	51-65	66-95
15-16	95	1-30	31-45	46-60	61-75	76-95
17-18	105	1-30	31-45	46-60	61-80	81-105

図 8
出典：MLB 公式 HP を参照し筆者作成

　また、傷害のリスク要因として、①「オーバーユースと疲労」、②「Showcases（スカウトのいる発表会）」、③「変化球を投げること」、④「投手と捕手の兼任」、⑤「球速」、⑥「マウンドの高さと投球距離」、⑦「単一スポーツへの特化」の7つを挙げている。本稿では野球を事例に挙げているが、国内各競技団体においても、練習日の設定のみならず、傷害リスクを考慮した日常のトレーニング（部活動）に関するレギュレーションを設けるといった科学的根拠に基づいた環境整備

が必要であると考える。

　部活動の地域移行に関する諸課題のクリアに向けては、現場教員がその場的になんとかすればよいだけではなく、教育委員会を主体とするすべてのステイクホルダーや、各競技団体においても各種検討や改革が必要になってくることは明らかである。出場参加資格、全国大会の可否、一発勝負（トーナメント）からリーグ戦への移行などその課題は多岐に渡るがそれが解決されることで各競技団体が共通して悩ましい課題として掲げている競技人口減少の改善に向けた一歩になるのではないかと考える。真に未来の子ども達にとって必要なスポーツ環境とは何か？　そのために何を実行せねばならないのか？　目の前のベネフィットや乗り越えなければならない困難に目を背けること無く、スポーツのある日常を創造すべく、これからも引き続き、取り組みを進めていきたい。

【引用文献】
MLB HP（2022）https://www.mlb.com/pitch-smart/pitching-guidelines

【参考文献】
経済産業省（2019）「未来の教室」ビジョン（参照 URL：https://www.meti.go.jp/shingikai/
　　mono_info_service/mirai_kyoshitsu/pdf/20190625_report.pdf）
経済産業省（2022）「未来のブカツ」ビジョン（参照 URL：https://www.meti.go.jp/shingikai/
　　mono_info_service/chiiki_sports_club/pdf/20220928_2.pdf）

第3章

トップアスリートたちの
「学ぶ力」に関する考察
―挫折体験と人間力の関係性について―

城島　充

1. はじめに

　トップアスリートたちは、どのような経験値を積み重ねて人間的な成長を遂げていくのか―。

　スポーツの深淵をのぞきこむ行為とつながっていくかもしれないテーマについてこれから筆者が綴っていくのは、客観的な研究やデータ、考察に基づくものではない。あくまでノンフィクションの書き手として多くのトップアスリートたちと対峙してきた筆者の極めて個人的な感覚をやや強引にこのテーマに重ねた"体験レポート"であることを最初にことわっておきたい。

　ノンフィクション作品を発表してきた筆者が本著のような研究書でこのようなテーマをとりあげたのは、卓球の日本代表として活躍する張本智和と家族の絆を描いた作品を発表したことがきっかけである。

　雑誌に掲載された際には『天才中学生の真実』（Number 932 号掲載）というシンプルなタイトルだったが、ネット版の編集者は次のようなタイトルをつけてWEB サイトに記事をアップした。

《「卓球より勉強を」「東北大へすすんでほしかったんです」「宿題、ちゃんとやってる？」張本智和（19 歳）の父が明かす"天才児の子育て術"》

　雑誌媒体に発表した作品を Web サイトに転載する際、担当編集者が見出しをさしかえて新たな仕かけをすることは珍しくない。実際、決して少なくない数の読者が幼少期から「怪物」と呼ばれて注目されたトップアスリートの意外な家庭環境に興味を抱いたのだろう。このネット記事は、文藝春秋『Number』WEB の2022 年度上半期ベスト 5 に選ばれた。

　新たな見出しに興味をもってくれた読者はおそらく、作品のなかのこうした記述になにがしらかの感慨を覚えたのではないか。

　張本という卓球選手を紹介する意味も含めて、以下に拙文を引用したい。

《だが、その子育ては、決して卓球ありきではなかった。

　卓球は一通りの技術を習得するのに、2 万 1000 時間かかるといわれている。
一日 6 時間の練習を一年間に 350 日やれば、10 年で到達できる数字である。

　小学生時代にそれぞれのカテゴリーの全日本選手権を6連覇、18歳以下の
カテゴリーで争われる世界ジュニアを史上最年少の13歳163日で制した少年
は、まさにその"理論"に当てはまる鍛錬を幼少期に積んだかのように報じら
れた。しかし、張は「仙台の小学校を卒業するまで、一日2時間を超える練習
なんてしたことがなかった」と言う。

「どんな特別な練習をしていたんですかってよく聞かれるのですが、私は仙台
ジュニアクラブの指導者ですから、60人近くいる子供たちを平等に指導しな
ければいけません。智和にも他の子供たちと同じように、正しいフォームをしっ
かり身につけるように指導しただけです。自宅には卓球台がありませんから、
マンツーマンで指導する場所もなかった。何より、妻が卓球よりも、勉強をが
んばるように智和に言い続けてきましたから」

　仙台ジュニアクラブの練習は午後7時から9時までだったが、練習中に張本
だけコートから姿を消すことがあった。母が「練習をきりあげて早く家に帰っ
てきなさい」と連絡してきたからだ。「今日はしっかり食事をとって、ゆっく
り眠りなさい」と。

　クラブの練習が休みの木曜だけは家族3人で卓球台に向かったが、練習時間
はふだんのチーム練習と同じく2時間だった。

「卓球は感覚のスポーツですから、小さいころから練習すればするほど、その
感覚が早く身につくのは間違いありません。智和がいろんな大会で優勝するう
ち、私はもっと練習に時間をさくべきではないかと思うこともありました。で
も、妻はなにより、智和の体のこと、そして将来のことを最優先に考えていま
した。しっかりと勉強して、地元の東北大学へ進んでほしかったんです」と、
張は笑みを浮かべながら振り返る。

　張本自身も、向学心の強い少年だった。小学校にあがる時、自らの意志で近
所の学習塾に通い始めると、登校する前に必ず30分かけて塾の宿題プリント
の空欄を埋めた。授業を終えて帰ってくると、まず学校の宿題を終わらせてか
ら仙台ジュニアクラブの練習場に向かった。学習塾が実施する全国模試では、
常に宮城県下で10番以内に入る成績だったという。

「時間をしっかりと区切って、短い時間を有効に使う生活習慣を身につけまし
た。智和は負けず嫌いですから、その短い時間のなかで卓球も勉強も一生懸命
やった。その結果、集中力だけは高められたと思います」》

　　　　　　　　　（城島充　Numbe r932号『天才中学生の真実』から）

本稿のテーマにつながったのは、筆者のもとに寄せられた反響のなかに「スポーツに打ち込む子供にとって、理想的な家庭だと思います」「張本選手は卓球と勉強を両立してきたから、人間的にもしっかりしているんですね」。あるいは「やはり、スポーツだけをやっていてはダメなことがわかりました」といった声が意外なほど多かったからである。

　学校の勉強をおろそかにしないことが、アスリートの人間的な成長につながるのだろうか。どちらかと言えば否定的にそんな疑問と向き合ったとき、過去の取材でさまざまな言葉を聞き取ったアスリートたちと人間力の関係について検証してみたくなったのだ。

2.　怪物が育った"特別ではない"環境

　拙文の冒頭にある「2万1000時間」理論を筆者に教えてくれたのは、代表監督としてロンドン、リオとオリンピック2大会連続で日本卓球女子をメダル獲得に導いた村上恭和である。この理論を頭にいれながら、過去にインタビューした卓球選手の幼少期を振り返ると、この理論にはそれなりの説得力があるように思えてくる。

　3歳11ヶ月のときからラケットを振り始め、天才卓球少女として国民的な注目を集めた福原愛の練習は、母・千代との1000本ラリーから始まった。たとえ999本目でミスをしても、最初の一本目からやりなおさなければならない。1000本ラリーをミスなく終えないと、その日の練習メニューに取り組めなかったのである。

「1000本ですから、一球一球に集中することなんてできません。ぱらぱらと本のページを中身も読まずにめくっていく感覚に似ていました」と福原は筆者に語ってくれたが、人気先行と揶揄されたこともあったアイドル的存在のアスリートがオリンピックのメダリストに成長した背景に、幼少期に繰り返された母との猛練習があったことを忘れてはいけない。

　15歳で出場したリオ五輪で日本代表女子の団体戦銅メダル獲得に貢献し、東京五輪では水谷隼と組んだミックスダブルスで金メダルに輝いた伊藤美誠も、先駆者である福原以上に幼少期からラケットを振り込んだ。

「私は美誠を卓球のバケモノに育てたかった」と、母の美乃りは筆者に躊躇なく

話してくれたが、その指導は明らかに常軌を逸していた。

　自宅のリビングに卓球台を置き、伊藤が幼稚園に入ったころから一日7時間の練習を課した。練習メニューは美乃りが綿密に組み立てたが、それらは必ずしもセオリーに沿ったものではなかった。「周りと同じ練習をやっていても、バケモノの発想や動きは出来ない」という美乃りの発想からである。

　日付が替わっても練習が続くことも珍しくなかったが、布団に入ってからその日のメニューでクリアすべきだった課題に気づくと、母は寝ている娘を起こし、リビングの卓球台へ向かった。

「私の背が低いのは、たっぷり寝て体が成長する幼稚園のときに睡眠時間が短かったからなんですよ」

　伊藤は冗談っぽくそう言って笑ったが、睡眠不足の代わりに彼女が得た財産は、そのまま「2万1000時間」理論の証明でもある。

　フィジカルの差を用具の性能や反応スピードによってカバーできる卓球では、小学校高学年のトップ選手がインカレに出場している大学生や実業団の選手に勝つことは決して珍しくない。そして若くして背中に『天才』という看板を背負わされた少年少女のほとんどは"卓球漬け"の幼少期を送ってきたのである。

　だが、張本は違った。

　その違いこそ、筆者の作品に多くの読者が興味を持ってくれた大きな要因だが、抜粋した原稿を読んでいただければわかるとおり、父親の宇は、卓球の才能をもって生まれた長男が勉強に時間をさくことを歓迎していたわけではない。張本の成功を"子育て術"の観点から見た場合、注目すべきは母、張凌のメンタリティである。

3.　数奇な運命と、母の思い

　1987年の世界卓球選手権ニューデリー大会は、後味の悪い結末を迎えた大会として卓球界で語り継がれている。

　準決勝で中国代表の何智麗と、管建華が同国人同士でぶつかったが、中国の上層部は管建華に勝たせるように指令を出した。だが、何智麗はその指令を無視して勝利をおさめると、決勝でも梁英子を破り、世界の頂点に立った。いわゆる「何智麗事件」である。

　このあと、何智麗は世界ランキング1位でありながら、ソウル五輪の中国代表

から外されてしまう。何智麗は中国卓球協会の「若返り戦略」を強く批判しながら、いったん現役を引退した。

　そんな彼女が日本人男性と結婚して来日、小山ちれの名前で現役復帰したのは1989年である。そしてこの一連の出来事が、後に中国卓球にとって脅威の対象となる張本智和の誕生につながったことはあまり知られていない。

　日本の卓球界でも圧倒的な強さを見せた小山が、1994年に広島で開催されるアジア大会に向けた練習パートナーとして中国から招いたのが、張本の父だったのだ。

　中国の卓球界は、当時から国家的な強化プロジェクトで選手を育成していた。地方の「業余体育学校」といわれるスポーツ専門学校に集められたエリート候補たちがふるいにかけられ、一部の優秀な子は学校を離れて省の代表選手として指導を受ける。8歳で本格的に卓球を始めた張宇は、13歳の時に四川省の代表チームの一員になった。中国代表の座をめぐる熾烈な争いからは脱落したが、小山にその力量を認められ、日本に招かれたのである。

　「海外でいろんな経験を積んだあと、中国へ帰ってプロチームの指導者になることが、当時の中国選手たちの多くが目指し、歩む道でした。アジア大会の前年に小山さんに招かれて日本に来た私も、将来はそうした道へ進もうと考えていました」と、張宇は筆者にその当時の思いを語ってくれた。

　だが、広島アジア大会で小山の女子シングルス優勝をサポートしたあと、カタールやイタリアでプレーを続けた宇が仙台ジュニアクラブの指導者として1998年に再来日すると、運命の歯車はさらに大きく動き始める。仙台の地を拠点にした半年後、張は交際していた張凌と籍を入れ、一緒に暮らすようになったのだ。

　同じく四川省出身の張凌はさらに過酷な選考を勝ち抜き、北京に招集されて中国代表の座にまでのぼりつめた。中国代表として1995年の世界選手権天津大会に出場したキャリアを持ち、引退後はマレーシアの女子代表監督を務めていた。

　日本語をまだ習得していなかった2人は日常生活にも苦労が絶えなかったが、中国には帰国せず、日本での生活を続けることを決意した。日本の子供たちに卓球を教えるのが楽しかったのと、2003年6月27日、長男の智和が生まれたからである。4050グラムもある、大きな男の子だった。

　想像を絶する厳しい環境に身を置いた2人が、まったく違う環境で世界のトッププレベルに達しようとする息子の土台を築いたことは、特筆すべきことである。「私たちはただ、智和が日本の環境に適応できるように育ててきただけなんです」

と、張宇は振り返るが、張凌は母として異国の地で息子を育てることに夫とは違う視点から神経をとがらせていたのかもしれない。

　筆者の取材ノートには、張凌から聞き取った言葉も残っている。

　冒頭で紹介した作品を発表してから約半年後、違う媒体の取材で初めて向き合ったときのインタビューである。

　東京・五反田の喫茶店で待ち合わせたのだが、当時、張本をマネジメントしていた卓球メーカー「タマス」の通訳兼マネージャーとともに現れた張凌は筆者が渡した名刺を見るなり、「あっ、わたし、あなたの名前知ってます」と、他のお客さんの視線が集まるほど、大きな声ではしゃいだ。

「おかあさん、ここは喫茶店ですからあまり騒がないでください。インタビューが終わったらサインしてあげますから」と、筆者が冗談で声をかけると、張凌は急に表情を厳しくしながら予想外の言葉を返してきた。

「あなたのサイン？　いらないです。智和のほうが有名ですから」

　その返答に同席していた編集者も、タマスのマネージャーも、声を出して笑った。

　そんな調子で始まったインタビューで、張凌はときおり中国語をまじえながら自らの思いを感情豊かに伝えてくれた。筆者の印象に最も強く残っているのは、次のような言葉である。

「私は物心ついたときから、卓球のためだけに生きてきました。でも、今、卓球の歴史に私の名前残っていますか？」

　涙を浮かべながら問いかけたかと思うと、複雑な感情をこう吐露したのだ。

「ライバルたちを蹴落として、中国の代表になりました。世界選手権にも出ました。でも、世界の頂点、トップの中のトップにならないと何も評価されないし、何も残らない。その厳しさを肌で知っている母親が、息子に同じような思いをさせたいわけないじゃないですか」。

4.　違和感

　東北大に進学することが息子に成功につながると信じて疑わない母の思いを、張本は幼い頃から受け入れていたのではないか。

　初めて張本にインタビューしたとき、その推測と重なる印象を持った記憶がある。

彼がまだ小学6年生になったばかりの頃で、東京のナショナルトレーニングセンターで行われていた男子の代表チームの合宿に仙台から参加していたときだ。

　これまでで一番悔しかったことは？―と聞いたとき、まだ華奢な体つきをしていた卓球界注目の逸材は、こちらがまったく想定していなかった返答をしてきた。

「算数で100点をとれなかったことです」

　筆者が驚いたことに気づいたのだろう。張本はその内容を細かく教えてくれた。

「算数の試験はいつも100点をとっていたのですが、東日本大震災がおきたとき、仙台からお父さんの故郷である四川省に避難したんです。そのとき、中国の学校で授業をうけたのですが、算数の先生が威圧的な人ですごく怖くて……。その怖さにちょっと緊張してしまって95点しかとれなかったんです」

　こちらの質問も言葉足らずだったし、仙台の小学生もまだ筆者のような人間にマンツーマンでインタビューを受ける経験が少なかったのだろう。

　このときはそう受け止めていたのだが、2019年の夏に何度目かのインタビューをした際、筆者は張本に対して抱いた違和感を本人にぶつけている。

　インタビューの途中、あるスポーツ紙が報じていた記事についてふれたときだ。記事はこの年の4月にブタペストで開催された世界卓球選手権で世界ランキング157位の選手に敗れて号泣していた張本がゴールデンウイークに仙台の実家に帰省したとき、深夜まで勉強机に向かっていたことを伝えていた。

「ここに書いてあることはほんとなのかな？」

　筆者が聞くと、張本は「本当です」と答えた。「あまりに遅くまで勉強していたので母が心配して様子を見に来てくれました」と。

　筆者が取材ノートをいったん閉じたのは、そのあとである。ここからはオフレコ取材であることを態度で示してから、張本とこんな言葉のやりとりをした。

「高校生なんだから、勉強するのも大切なことだと思う。でも、今は、もっと卓球に集中すべきじゃないのかな」

「でも、僕が卓球をしている間、クラスメイトたちは勉強しています。遅れた分を取り返さないといけませんから……」

「世界選手権で負けた悔しさは、勉強してもはらせないよね。目標にしている東京五輪で金メダルを獲るには、前を走っている中国人選手を倒すことに集中してもいいのでは？」

「そうかもしれません。でも、僕は卓球だけの選手になりたくないんです」

「えっ、それは誰のことを言ってるの？」

そこからの展開が気まずくならなかったのは、最後の筆者の問いかけに、張本が誰かの名前を口にしかけて笑ったからである。

5.『ミスター・卓球』荻村伊智朗の言葉力

新聞社の社会部記者として事件や事故、災害、小児医療などを取材していた筆者が、フリーランスになって取材対象にスポーツを選択したのは、荻村伊智朗という不世出の卓球人の存在を知ったことがきっかけである。

卓球界の巨星であり、ピンポン外交官、ミスター卓球とも呼ばれた荻村の来歴を短く紹介するのは難しいが、荻村に深くかかわった関係者が出版した書籍から簡単なプロフィルを紹介したい。

《1932 年（昭和 7 年）6 月 25 日、静岡県伊東市に生まれる。東京都立西高校で本格的に卓球を始め、東京都立大学（現・首都大学東京）2 年の時に全日本軟式選手権優勝。翌 53 年に日本大学に転学し、全日本硬式選手権で単複優勝。初出場の 54 年世界選手権ロンドン大会で男子単・団体優勝、56 年東京大会でも単・複・団体の 3 種目を制するなど、現役時代に世界選手権で 12 個のタイトルを獲得する。65 年に現役を退き、日本卓球協会理事として、新設された強化対策本部の強化主任に就任。海外での指導にも積極的で、73 年に ITTF（国際卓球連盟）理事、79 年に ITTF 会長代理を経て、87 年の ITTF 総会で第 3 代 ITTF 会長に就任。外来スポーツで日本人初の国際競技連盟の会長として、卓球の発展と国際化に尽力、91 年世界選手権千葉大会では「統一コリア」チームの参加を実現し、その功績が内外から高い評価を受けた。「卓球のカラー化」「賞金大会の創設」「ラージボールの企画・開発」などの改革に着手し、94 年 12 月 4 日逝去、享年 62 歳》

（「伝説の卓球人・荻村伊智朗伝」（卓球王国ブックス）から引用）

筆者が荻村の存在をはじめて意識したのは、大阪市が名乗りを上げた 2008 年夏季五輪の招致理念に、荻村が関わったことを知ったときだ。

「スポーツパラダイス」というコンセプトを提言した荻村は、当時の西尾正也市長にこう提言した。

「これからのオリンピックは、政治的なスローガンを掲げるのではなく、私たちの街でオリンピックを開けば、最高のパフォーマンスを発揮できる。そのために必要なもののすべてが整っていることをアピールすべきです」

　このとき、すでに末期ガンに冒されていた荻村とは短時間の面談しかかなわなかったが、西尾は「ミスター卓球」あるいは「ピンポン外交官」と呼ばれた男の未来を展望する力に惚れ込んだ。荻村はその数か月後、62 歳の生涯を閉じたが、西尾は荻村の遺言ともいえる「スポーツパラダイス構想」を五輪招致のコンセプトとしてだけでなく、大阪市のまちづくりの柱として掲げたのである。

　大都市の街づくりの方向性について提言できる人材が、スポーツの世界にいたのか。

　筆者はそうした驚きとともに荻村の取材を始めたのだが、手元に情報を集めれば集めるほど、卓球史に偉大な足跡を刻んだ荻村の功績よりも、その人間力に興味を持った。

　取材の成果は拙著『ピンポンさん』（講談社、角川文庫）に詳しく書いているが、筆者が最も強くひかれたのは、彼がそのときどきの時代に刻み込んだ言葉の力である。

　スポーツの力を改めて認識させてくれた "荻村語録" をいくつか紹介したい。

《身体文化であるスポーツの場合、"人間能力の限界への挑戦" という目標の方が、"時代の選手に勝つ" と言う目標よりもはるかに高い。

　"時代の選手に勝つ" という低い次元の目標にとらわれると、もしその時代の選手のレベルが低い場合、低いところで自己満足することがおこる》

《祖国のため、もいいが、それではヨソ（他国）を否定することになる。

　それで人間が共存していけるだろうか。

　矛盾があるんじゃないか、と僕は思う。

　日本の選手であろうと、中国、スウエーデンの選手であろうと、

　非常に充実したものを持っていて、世界のひのき舞台で立派な試合をやって、

　人間の文化の一端に少しでも光を増していく、ということができれば最高だと思う。》

《スポーツに求められ
ているのは、政治から
の自立です。

　日本のモスクワ五輪
ボイコットがよかった
のか。

　今考えると、ボイコ
ットの意義はなかった
と思う。

　もし、参加していたら、日本はソ連に対してもっとはっきりモノを言えたのではないですか》

《自信とは「自分が他人より勝ってい
ると言う意識」ではない、と私は思う。

　自分の特徴を知り、それを生かして
やるやり方を知っていることから生
まれる "しっかりした態度" が、自信
ある態度なのだ。

　自信と優越感は違う。》

《私たちの場合、大げさに言えば、日
本民族の初体験的なことが多い。

　軍国主義時代、戦争、空襲、被占領、

与えられた民主主義、混乱した世相。
スポーツは、救いでもあった。》

《自分たちの苦闘というものが、ほんの小さいながらも人間の文化にわずかでも輝きを増させる。
　そういう歴史の中にいきているんだという考えがあれば、かなりの苦しさにも耐えていけると思う。
　僕は勝っても負けても、そういう気持ちでやってきた。》

　拙著『ピンポンさん』（講談社、角川文庫）は、不世出の卓球人である荻村伊智朗の生涯を、彼を献身的に支え続けた武蔵野卓球場の女性場主、上原久枝との交流を軸に描いた長編ノンフィクション作品である。
　スポーツの力を突き詰めて考え抜くことで人間的成長を遂げたことは荻村語録からも想像できるが、筆者の心がより強く動かされたのは、まだ何者でもなかった時代に荻村が日記に書きなぐった言葉である。
　取材を本格的に初めて2年近くが経ったころ、荻村が生前に使っていた部屋にご遺族の了解を得て入らせてもらった。
　窓際に置かれた大きなライティングデスクの上に、文字盤がグリーンのオメガの腕時計や万年筆やボールペンなどの筆記用具が整理されないまま置いてあった。引き出しをあけると、表紙が色あせた大学ノートが見つかった。、表紙には『時々の記』と肉筆で書かれてあった。
　都立西高で卓球を始めたばかりのころ、荻村が日々の葛藤を綴った日記である。荻村自身が著作のなかで何度もふれているので、その存在は知っていたが、実際にこの目で実物を確認したとき、17歳の荻村が目の前に現れたような感覚に包まれたことを覚えている。
　ノートに刻まれていたのは、将来の不安や焦り、そしてむきだしの自我だった。
　以下に紹介するのは、まだ何者でもなかった荻村が書き残した言葉である。

《俺が死ぬとき、なんと思うだろう。
　それを思う時、一刻も無駄な真似はできない。
　誰にも影響されるな》

《才能で勝てなければ、タフネスを以って勝つのだ。

　同じ手段でラチがあかなかったら、違う手段でラチをあかすのだ。

　1日をおろそかにするべきではない。

　毎日を死ぬ気でやるのだ》

《磨き方にはコツがある。

　一気にのぼりつめるのだ。

　途中で気を抜いたらだめだ。

　一気とは、十七、十八歳から三年間だ。

　たったの千日、

　1日も気を抜かずに集中できればいい。》

《9月7日　　笑いを忘れた日

　もう卓球をやめられない。

　負けて辞めるのは挫折だ。

　今までの一心不乱の何年間かが挫折だなんて承知できない。

　試合で負けるというのは、ふだんが甘いのだ。

　だから平常心をもっと鍛えないといけない。》

　若き日の言葉から浮かび上がってくるのは「卓球が強くなれるのなら、友達なんていらない」と周囲に公言してきた無名の卓球人の悲壮な覚悟である。

　もし、進学校として知られる都立西校に入学した荻村が勉強にも力をいれ、他の卓球仲間と同じようなモチベーションでラケットを振っていたならば、武蔵野卓球場の上原は荻村を献身的に支えようとはしなかっただろう。

　拙著のなかに、荻村が亡くなったあと、上原と若い頃の荻村がただ一人心を許していた友人の久保彰太郎がこんな言葉を交わすシーンがある。

　《「卓球選手としては尊敬していても、心の底から伊智朗さんのことを好きだって言う人は少なかったんじゃないかしら。でも、伊智朗さんのことを嫌な奴だって思った時点で、もうその人も伊智朗さんの影響を受けているのよね」

久枝の言葉を否定するメンバーはいなかった。

　荻村の死後、楢川村の「ITTF 卓球博物館」は白紙撤回され、博物館は ITTF の本部が移転したスイスのローザンヌに建てられることになった。『日本の千人』の発行や、揮発性接着剤の使用禁止など、荻村が意識を失う直前まで情熱を注ぎ込んだプロジェクトや改革案の多くは立ち消えになった。日本卓球協会の理事会でも、手のひらを返したように荻村のやり方を批判する者もいた。

　「出る杭は打たれるっていうけど、伊智朗さんの馬歯はなくなってもそれが続いているのかもしれないわね」

　ある日の集まりで久枝がつぶやくと、十代のころから荻村を知る久保は「おばさん、それは人間としてのスケールが違うんですよ」と言った。

　「荻村は現役時代から十年先の展望を潜在意識のなかにすりこんで、逆算して今なにをすればいいか、いつも考えていたんですよ。確かに誤解されやすい性格でしたが、例えば、国際平和という大きな目標のために血の汗を流し、骨身を削っている人間が、一人ひとりの都合なんてかまってられないじゃないですか」》（城島充『ピンポンさん』（講談社、角川文庫）から）

　もちろん、日本のスポーツ史に特別な光を放ち続ける不世出の才能と、トップアスリートとしての歩みを始めたばかりの張本を同列に比較することはできない。日付が変わるまで学習机に向かう姿を否定するわけでもない。

　だが、誤解を恐れずに言えば、10 代の荻村が「一刻もむだにできない。誰にも影響されるな」「笑いを忘れた日」という言葉で表現した深い挫折と、張本はまだ向き合っていないのではないか。

　そんな仮説とともに、アスリートにとっての挫折について思いをめぐらせたとき、筆者の脳裏をよぎるのは個人的な親交を続けてきた 1 人の女性アスリートの姿である。

6.　競技者と人間力の関係性

　1986 年の春、20 歳になった筆者は一年間大学を休学してアメリカへ渡った。

　オレゴン州ユージーンにあるオレゴン大学の英語研修コースに入ったのだが、同じ授業レベルの教室で一緒になったのが、2 年前のロス五輪女子マラソンに日本代表として出場、16km 地点で棄権した増田明美だった。

　成田高校時代に中長距離種目の日本記録を次々と更新、日本の女子陸上界に彗星のごとく現れた増田への評価は、ロス五輪の棄権で一変した。当時、メディアを通して彼女を見ていた筆者には、ギンガムチェックの鉢巻きをしてトラックをきれいなフォームで走る姿、ゴールをした後、必ずコースに向かっておじきをする姿、女子マラソンが初めて採用されたロス五輪のレースで 16km 地点で座り込んだ姿、そして成田空港に帰ってきたとき、カメラのフラッシュから逃げるように走り去った姿が焼きついていた。

　悲運の天才ランナー。そんな表現で報じられたこともある増田にとって、ユージーンは自らの挫折と向き合い、再起を図る舞台だった。

　筆者はそのスタートを身近な距離で見つめることになったのである。

　ここでも一つひとつのエピソードを羅列するよりも、筆者が発表したノンフィクション作品を引用しておきたい。

《'86 年 4 月、増田は海を渡った。

　新たに師事したのは、ルイーズ・オリベイラというブラジル人コーチだった。彼が率いるチームには女子陸上界の中心的存在だったメアリー・デッカー、ロス五輪男子 800m 金メダリストのジョアキム・クルーズら、世界に名を知られたランナーたちが顔をそろえていた。

　街にはウッド・チップを敷き詰めたランニングコースが整備されており、日本では考えられないほど恵まれた環境だったが、大舞台で負った傷はまだ癒えていなかった。自然公園内にある 1600m のコースを 7 周するインターバル走で、増田は隠れて 100m ほど距離が短い別のコースを走ってしまう。

「すごいよ、アケミ。素晴らしいタイムじゃないか」

　オリベイラはタイムを確認しながら、感嘆の声をあげたが、そんなごまかしが続くはずがなかった。小柄な日本人ランナーが別のコースを走っているのを、車で通りかかったオリベイラの知人が見ていたのだ。

　報告を受けたオリベイラは、日本からやってきたオリンピアンに怒りをぶつけるのではなく、こう問いかけた。

「アケミ、君はいったい何のために走ってるんだ？」

　何も返答できず、増田はぼろぼろと泣いた。

「君を見ていると、とても悲しい気持ちになる」

　ブラジル人コーチは「アケミは競技者の土台の上に人格がのっかってるから、

ダメなんだよ」と、諭すように続けた。

「人に認めてもらうために、良い結果を出したい。君はいつもそう思っている
だろう。何をするにしても、始める前からとにかく良い結果を出したい、と。
でも、『本当に良い結果』というのは、自分が生きていてハッピーだって思え
る時に、自然と生まれるものなんだよ」

　良い結果とハッピーという単語が頭の中でねじれ、出会ってまもないコーチ
の意図がすぐには理解できなかった。それまでの彼女は結果を出すことでしか、
幸せになれないと信じてきたからだ。結果を出すために、血の滲むような努力
を重ねてきたのである。

　結果を求めて走ることが、どうしていけないのだろう──。

　その夜、増田は何度も自問した。そして結果を残せなかったレースを振り返
ったとき、激しい後悔の念とともにその理由に気づく。

「結果、結果、結果……。高校生のときに日本記録を出して注目されて以来、
私はずっとの言葉に縛られてきました。だから、調子が悪くて良い結果を出せ
そうにないと、すぐにあきらめてたんです。ロス五輪もそうでした。ゴールま
で走っても良い結果にならない、カッコ悪い走りを見せるだけだって思った時
点で、走れなくなった。ルイーズが言うとおり、私は土台の弱い人間だったん
です。このままじゃ、ダメだ、変わらなきゃいけないって心の底から思いまし
た。自分も人生を楽しんで生きたいし、『本当に良い結果』を手にできる人間
に成長したい。一度地獄を見たんだから、この街でいろんなものを吸収してい
こうと思いました」》（城島充　NuberPlus『私が走る歓びを知った日』から抜粋）

　もちろん、当時の筆者が増田から聞いていたエピソードのすべてをこの原稿に
詰め込んだわけではない。作品に自らを登場させる私ノンフィクションの手法を
とったわけではないので、筆者の個人的な感情もダイレクトには反映していない。
「勝って結果をだすことだけを考えていた」ことの証明として、増田から直接聞
いて今も覚えているエピソードはいくつかある。

　成田高校時代、増田は監督の家の二階にライバルと2人で同居していた。ふす
ま一枚隔てた隣の部屋から腹筋運動をしている息づかいが聞こえると、その息づ
かいが消えるまで増田も腹筋運動を続けた。

　だが、増田のライバル心はそうした態度だけではおさまらなかった。

　少しでもライバルを太らせるため、食事のときは彼女のお椀にお米を上からお

しつぶすようにたっぷりと入れた。朝練のために彼女が枕元に置いていた目覚まし時計の時計を30分以上遅らせたこともある。
「明美さんが、30分早く起きて走ればいいじゃないですか」
　そう訪ねた筆者に増田は、こう言って笑わせた。
「馬鹿ね、ヤス（筆者の本名からきている呼び名）、そんなことができないからオリンピックで棄権してるんじゃない」

　もちろん、ショートカットをしていることがばれたこともリアルタイムで聞いていたが、夏になると、筆者はカリフォルニアのオレンジカウンティにある温泉施設で働くためにユージーンを離れた。
　オリベイラの言葉を彼女がどう受け止めたのか。心の深い部分まで聞きとることができたのは、その20数年後、インタビュアーとして彼女と向き合ったときである。
　続けて拙文から引用したい。

《異国の地で新しい自分を見つける旅は、1年10カ月も続いた。
　帰国した増田が復帰レースに選んだのは、'88年1月の大阪国際女子マラソンである。ソウル五輪の代表選考も兼ねていたが、彼女の目標はそこになかった。4年ぶりとなるレースの前夜、練習日誌に綴った文章にその心情があらわれている。
　《一歩一歩と走る道のりに、心のあかを落としていきましょう。ゴールテープの向こうには、新しいスタートが待っているのだから》
　だが、自らの変化と成長を証明するための42.195kmも、かつての天才ランナーに大きな試練を与えた。異変が起きたのは、27km地点を過ぎたころである。
「増田、おまえの時代は終わったんや」
　沿道からそんな声が聞こえたとき、全身が凍りついた。これもロスで負った傷の後遺症だろうか、乱暴な野次に心と体が過敏に反応してしまったのだ。ペースが落ちても懸命に走り続けてきた増田は走るのをやめ、その場に立ち尽くした。
　後続のランナーに次々と抜かれていく。その場でうずくまりそうになったが、なんとか耐えて歩き始めた。ゴールへ向かおうとしたのではない。惨めな姿をこれ以上、人目にさらしたくない。ロスのときと同じ理由で、地下鉄の駅を探

して逃げ込もうとしたのだ。

　そんなときである。顔も名前も知らない1人の市民ランナーが、ぽんと増田の肩を叩いてそのまま追い抜いていった。あっという間に小さくなる後ろ姿を見つめながら、増田はようやく、折れそうな心にユージーンの記憶を重ねた。その市民ランナーの女性が幸福な日々を過ごし、楽しくマラソンを走っているような気がしたからである。

「アケミ、日本に帰っても走りたくなければ、走らなくていいんだよ」

　ユージーンを離れるとき、オリベイラはそんな言葉をかけてくれた。それは『周囲に流されず、自分の気持ちを大切にしろ』というメッセージだった。

　今、自分はどうしたいのか。このまま姿を消してしまいたいのか、いつか『本当に良い結果』を手にするため、豊かな人生を送るために最後まで走りたいのか……。

　100mほど歩いたあと、増田はもう一度走り始めた。

　約1時間後、テレビカメラは中継を終える直前に、泣きじゃくりながら30位でゴールするロス五輪代表ランナーの姿をとらえた。タイムは2時間51分53秒、自己ワースト記録だった。《悔し涙を流しながらのゴール》と報じたメディアもあったが、それは正確な描写ではなかった。彼女の頬をぬらしたのは、歓喜の涙だった。

「それまでのレースで一番うれしかった。日本記録を更新したどんなレースよりもずっと……。以前の私なら、絶対に走れませんでした。ビリでもいいからゴールしたい。そう思ったときに初めて、自分の心にはりついていた見栄やプライドを捨てることができたんです。もし、あのまま棄権していたら、今の私はいなかった。マラソンや駅伝の解説なんてできないし、いろんな人に心の底から『走るのは楽しいですよ』とか『一緒に走りましょう』なんて絶対に言えなかった」　　　　　（城島充　NuberPlus『私が走る歓びを知った日』から抜粋）

　自分で書いた原稿を改めて読みかえすと、こんな仮説が脳裏を支配していく。

　増田の最も深い挫折体験は、ロス五輪で途中棄権して世間から強いバッシングを受けたことではない。オリベイラに「君は競技者としての土台の上に人間がのっかっているから駄目なんだ」と指摘されたときこそ、自我が崩壊するほどのショックを受けたのではないか。その深い挫折を乗り越えたからこそ、増田は引退後、現役時代には想像もできなかったセカンドキャリアを楽しみ、「本当に良

い結果」を導くことができたのではないか。

　もし、ユージーンの地でオリベイラと出会っていなければ、悲運の天才ランナーは「細かすぎるマラソン解説」が話題になることも、2時間ドラマの主役になることも、CMで梅沢富美男と共演することも、NHK朝の連続ドラマ小説のナレーションを任されることもなかっただろう。

　挫折こそが、アスリートの人間力を育てる原動力である─。

　増田明美というオリンピアンを対象にしたとき、出会いから30数年の歳月を経た今も親交が続いている筆者は、躊躇なくそう言い切ることができる。

　だが、この定義を他のアスリートにそのまま当てはめるのには、強い抵抗がある。

　挫折の定義や濃淡が1人ひとりのアスリートによって違うことに加え、その対処の仕方にマニュアルなど存在しないからである。

7.　水谷隼の挫折と成長

　本稿のテーマと向き合ったとき、ノンフィクションの書き手にすぎない筆者にできることは、一人ひとりの物語を丁寧に検証していくことだけである。そのことを踏まえ、最後に張本と関係性の深い水谷隼のケースについてレポートしていきたい。

　筆者が水谷に初めて会ったのは、彼がまだ15歳のときである。

　後に4大会連続でオリンピックに出場し、すべての色のメダルを手にする日本卓球界の至宝は全日本選手権を終えて留学先のドイツに帰国する直前だった。

　買い集めた漫画本をバッグにつめこみ、成田空港近くの理髪店で毛先を染めてきた少年が表彰台の真ん中に立つまでの15年間、筆者は折にふれて彼をインタビューしてきた。アスリートに限定すれば、もっとも多くの言葉を聞き取った取材対象かもしれない。

　17歳7ヶ月の最年少記録（当時）で全日本選手権男子シングルスを制すると、前人未踏の5連覇を達成、日本の卓球界を一人で牽引していくまでの間、筆者が求めたのは彼の才能を彼自身の言葉で分析してもらうことだった。

　なぜ、あの瞬間、あのタイミングであの角度にボールを打てたのか─

　そんな質問をすると、水谷は数打前のボールからその狙いと返球の予測、自らの反応について詳しく語ってくれた。アスリートにとって才能とは何か─。彼に

ついて書いた原稿のすべてに、そんな命題を意識的に通底させていた。

　彼を追う視点が変わったのは、全日本選手権決勝で吉村真晴に破れ、連覇記録が途絶えた2012年からである。

　メダルを期待されたロンドン五輪はシングルスで4回戦敗退、団体戦も準々決勝で香港に敗れた。五輪後はルールで禁止されている補助剤を世界のトップ選手たちの多くが不正使用している事実を告発、国際大会への出場をボイコットし、ラケットを持たない日が4か月以上も続いた。復帰後すぐに迎えた2013年の全日本選手権では丹羽孝希に破れ、2年連続で後輩に天皇杯を譲った。その後の世界選手権では初の初戦敗退という屈辱もなめた。

　彼を追い詰めたのは、そうした結果だけではない。

　「一番きつかった」と水谷自身が振り返ってくれたのは、ジュニア時代から「芸術的」と賞賛されてきた後陣でのラリーさえ批判の対象になったことである。

　水谷の卓球は美しいが、攻めが遅い。中国に勝てるのは、丹羽のような前陣速攻のより攻撃的なスタイルだ――と。

　「正直言って、いじけましたね」

　そんなネガティブな感情も筆者の取材ノートに刻まれている。

　「たったの2、3回負けただけで、そこまで評価が変わるのか、と。違法ラバーの問題を告発したときも、僕は卓球界の未来のために動いたけれど、逆に『負けたことの言い訳にするな』と責められた。すべてが悪い方向へ流れていって、卓球をやめようかと本気で悩みました」

　この挫折体験を糧にできるかどうか――。

　そのときどきにインタビューをするたび、新たな視点で彼と向き合った。増田のケースと重ねて考えたとき、水谷にとってこのときの対処が、その後の人生を大きく左右する重要な分岐点だったはずである。

　結論を書けば、水谷はぎりぎりのところで踏ん張った。

　「どん底の状態まで落ち込んで初めて、このまま卓球をやめたら一生後悔することに気づいたんです。自分がもっとできることを証明しなければならない。誰も手を差し伸べてくれないのなら、1人でやってやる、と」

　水谷の新たな挑戦は周囲を驚かせた。練習環境に恵まれた日本を離れ、2013年9月からロシアのプロリーグに参戦したのだ。徹底した自己管理を求められる異国のプロチームで体を絞り、個人契約した邱建新コーチの指導で「チキータ」と呼ばれる台上の攻撃的なレシーブを磨いた。深い挫折と向き合うことで生まれ

た選択と決断が、後のメダル獲得につながったのである。

8.　挫折の深さは、その後の人間力形成に影響しているのか

　あまり報道されていないが、水谷が日本代表に初めて選出された当時、日本の男子卓球は世界の強豪国から大きく差をつけられていた。水谷が初めて世界選手権の団体戦に出場した2006年の世界選手権ブレーメン大会は、14位という過去最低の結果に沈んだ。足を疲労骨折していた水谷はほとんどプレーできなかったのだが、大会終了後にこんなレポートを日本卓球協会に提出している。

　『僕は親を捨て、友だちも捨て、すべてを捨ててドイツへ来ました。なのに、卓球で成功できなかったら、僕の人生は終わります。練習の時の一球が僕の人生を左右すると思うと、1球たりとも疎かにできません』

　そのレポートを今も手元に残しているという日本卓球協会の宮崎義仁は、水谷への思いをこう語ってくれた。
「日本の強化システムが長年にわたり、個人の才能や努力に頼っていたことは否めません。国内にシステムがなかったから水谷隼や岸川聖也たちは、中学時代にドイツへ渡らざるを得なかったのです。あのレポートを見て驚きました。16歳の少年がそこまでの覚悟で異国の地で懸命にラケットを振っていたのです。私たちが求めた人間力を、彼が異国の地で身につけていったこともわかる文章です。その後、水谷や岸川が中心になって日本代表を世界のトップシーンへおしあげてくれた。張本が今、世界の頂点に手をかけることができているのは、彼らがその土台を築いてくれたからです」
　宮崎が指摘するように、張本の成長は道なき道を歩んだ先人たちが切り開いてくれた土台の上に成り立っていた。
　仙台の小学校を卒業した後、張本が籍を置いた東京のJOCエリートアカデミーはフィジカルや栄養管理も含めたさまざまなノウハウを蓄積していた。代表合宿も頻繁に行われ、常に日本のトップ選手たちと一緒に腕を磨くことができた。さらに、父親の宇も同じタイミングで日本代表のジュニア担当コーチに就任し、仙台時代と同じように親子二人三脚でトレーニングできるようになったことも、張本にとっては最高の環境だった。

だが、こうした境遇の差が、挫折体験の濃淡に影響を与えていないだろうか。

　水谷が協会に提出したレポートに込めた思いを、筆者自身も近い距離で感じたことがある。

　拙著『ピンポンさん』が文庫化されたとき、帯文をリオ五輪でメダリストになったばかりの水谷に依頼した。拙著に目を通す過程で、水谷はある一節をTwitterでとりあげた。

　それは1963年の世界選手権プラハ大会で日本の男子代表が中国勢に圧倒されたにもかかわらず、内紛を繰り返していた日本卓球協会に対し、日刊スポーツが苦言を呈した記事である。

　《"卓球ニッポン"は強力な組織から計画的に生み出されたものではなく、荻村、田中（利明）といったひとにぎりの天才たちの異常な才能によってきずかれたものである。いわば偶発的に出てきた天才たちに頼っていたところに日本の致命的な弱点があったといえよう》

（城島充『ピンポンさん』（講談社、角川文庫）から）

この部分の記述を紹介したうえで、水谷は「僕の時代も何も変わっていなかった」とつぶやいた。

9.　張本との対談で水谷が伝えたこと

「僕を脅かすような若い選手に出てきてほしい」

　水谷がそう公言したのは、全日本選手権男子シングルスの覇権を奪還し、再び連覇を重ねていったころだ。こうした発言をきっかけに、筆者は水谷を脅かす存在としてはまだキャリアが浅かったが、絶対的な王者と張本との対談を企画したことがある。

　2016年の12月、リオ五輪でメダリストになった水谷は時の人としてメディアへの露出が一気に増えていた。張本は南アフリカで開催された世界ジュニア選手権を最年少で制した直後で、成田空港からそのまま大きなスーツケースをひきずって東京・阿佐ヶ谷にある卓球レポートの編集部に現れた。まだ13歳だった少年が、メダリストを前に終始緊張していたことを覚えている。

「僕が13歳だったときと比べたら、ぜんぜん強いですよ。たぶん、僕の3年ぐらい先を走ってるんじゃないですか」

　2人のやりとりは水谷のそんな言葉から始まったが、対談はラリーの応酬ではなく、水谷が過去のエピソードやそのときどきの心境などを雄弁に語り、張本が懸命に聞き取る形で進んだ。

　今、本稿のテーマを意識しながらこの対談を振り返ると、水谷が自らの挫折体験を14歳下の後輩におそらく意識的に伝えていることがわかる。

　そうした部分をいくつか抜粋して紹介したい。

《水谷「今、張本は13歳でしょ。僕が13歳のときは、まだ卓球で生活していくという覚悟を持っていなかった。14歳でドイツへ行ってからですね。自分には卓球しかないぞって思ったけど、孤独と向き合う日々で何度も心が折れました」

　張本「えっ、どういうことですか？」

　水谷「当時はインターネットもスマートフォンもなかった時代だから、日本の情報もほとんどはいってこなかった。学校の友だちと会いたくて、ホームシックならぬスクールシックにもなりました。時間ができても、ボウリングぐらいしか遊びがなくて……。指の皮がむけるほど投げ込んだおかげで、けっこう上達しました（笑）。今はJOCエリートアカデミーがあって、常に代表クラスの選

手と一緒に練習できるけど、当時の日本にはそうした環境はなかった」》

《張本「中国との団体戦決勝で、許昕選手にゲームオールの展開から 7-10 とマッチポイントを握られたとき、どんな気持ちだったんですか?」
水谷「信じられないかもしれないけど、最高の展開になったと思った。許昕選手にはそれまで何回も逆のことをやられて、いつも僕が悔しい思いをしてきた。一番覚えているのは、2009 年のアジア選手権決勝で日本が 2 − 1 とリードした展開であたって、ゲームオールの 10 − 7 から逆転負けしたこと。立場を逆転して同じスコアになったのも何かの因縁だし、オリンピックの決勝でやり返すことができれば、これまで味わった悔しさをまとめてお返しできる。こんなチャンスはない。そのために、まず一本返すことに集中した。1 本とれば、こっちにサーブが 2 本まわってくるから、いけるぞと」
張本「オリンピックという大舞台で、そんなふうに考えられるのはすごいです」
水谷「1 度も勝てないで『打倒中国』を目指すのと、1 度勝ったあとで目指すのとでは、全然違う。(中略)僕の場合は、いろいろ悔しい思いをして、その相手に違う舞台で勝つことで悔しい記憶を喜びで上書きしてきた。卓球というスポーツは 99％負けて終わる。少なくとも、僕には負けた記憶のほうが勝った記憶よりもはるかに多い。重要なのは、その敗北とどう向き合うかだと思う。負けてうじうじしている選手も、へらへらしている選手も強くなれない。もちろん、僕も負けをひきずるけど、次の試合は待ってくれないから必死でプレーをする。その繰り返しのなかで強い選手に勝ったりすることが、悔しい記憶を消してくれ、自信につながっていく。そんな経験をずっと積み重ねてきたから、あの場面でも気持ちを強く持てたんだと思う」》
(卓球レポート 2017 年 1 月号『天才対談 『卓球界の至宝とホープ』から抜粋)

水谷はすでに紹介したあの挫折体験についても言及した。

《水谷「あの当時はすべてが悪い方向へ流れていって、卓球をやめようかと考えたこともあった。なにをやってもダメだったときは、無意識のうちに自分自身に甘えていたというか、楽になる方向へ逃げていたんだと思う。でも、ぎりぎりのところで、このままだと一生後悔することに気づいた。自分がもっとできることを証明しないと、卓球に人生をかけた意味がない。そのためには、新しい環境で自分の卓球を変えるしかない。そう覚悟を決めた」

張本「そのあと、ロシアに行かれたんですよね」

水谷「2013年の9月だったかな。ロシアで自己管理を徹底し、フィジカルトレーニングも積極的にやった。邱建新さんとプライベートコーチの契約を結んで、それまで試合で使えなかったチキータの技術を徹底的に磨いた」

張本「それまで、チキータの練習はしていなかったのですか？」

水谷「苦手というか、自分にはできないと思っていたから。でも、そのままだったら、もう一つ上のレベルにいけないと思った。当時、台から離れてラリー戦にもちこむ僕のスタイルが、時代にあっていないとも言われた。『水谷の卓球は攻めが遅い。中国に勝てるのは、丹羽のような前陣速攻のより攻撃的なスタイルだ』って。そうした指摘にも目をそむけず、しっかりと向き合った。チキータで先手をとって、攻撃のテンポを速くすれば、もっといい卓球ができると。最初はうまくいかなかったけど、邱さんのアドバイスで練習を積みかさね、少しずつ試合で使えるようになった。もし、あのときどん底を味わっていなかったら、間違いなく、今の自分はないと思う」》

（卓球レポート2017年1月号『天才対談　卓球界の至宝とホープ』から抜粋）

そんなやりとりを聞いていた筆者は、最後に水谷にこんな質問をぶつけた。

張本は順調にキャリアを積んでいるが、さらに成長するためにはあなたのように海外でプレーをしたり、大きな挫折を味わったほうがいいと思うか、と。

水谷は「難しい問題ですね」と前置きしたあと、言葉を続けた。

「僕の場合は、そうした挫折があったから、オリンピックでメダルをとれた。挫折が僕を強くしてくれたのは、間違いありません。だから、僕だけのキャリアに重ねれば、絶対に挫折は成功に必要なものだと言い切れるけど、それをそのまま、張本に当てはめることはできないと思います。もちろん、一気に成長するのが理想だけど、トップレベルでプレーを続けて行く限り、ケガも含めて何らかの挫折と向き合うときがくると思う。その悔しさとどう向き合っていくかで、成長のしかたが変わってくる。そのとき、高い目標をもっていれば、乗り越えられると思うし、乗り越えてほしい」

10.「怖い物知らず」では乗り越えられない挫折がある

ここまで筆者の取材体験や発表してきた作品から本稿のテーマについてレポー

トしてきたが、初めて気づいたことがある。

　荻村伊智朗が遺した言葉と、水谷隼が内面と向き合ってはきだしてくれた言葉は、それぞれの心の深い部分でつながっている。そう考えるのは、熱量を持って2人を追いかけてきた筆者だけだろうか。

　時代背景も経験も表現手段も明らかに違う。だが、卓球史に名前を刻んだ2人が「挫折」あるいは「言葉力」という視点で考察したときに重なる部分があるのは、極めて興味深い。そして現役のアスリートである張本智和もいつか、2人と共通する思いを言葉にできる日がくるのだろうか。

　対談から一年後の2018年1月、14歳になった張本は全日本卓球選手権男子シングルス決勝で10度目の優勝を狙った水谷を破り、史上最年少の全日本王者になった。

　本稿のテーマに沿って考えるとき、筆者に最も強い印象を残したのは、快挙から一夜明けた単独インタビューで張本が語った言葉である。

「すべての面で水谷さんを上回ったと思います」

　そう言い切った卓球界のニューヒーローは自信ありげな表情を崩さないままこう続けた。

「最初のサーブレシーブで、水谷さんのボールが少し浮いたんです。やはり、僕と対戦するとき、水谷さんはプレッシャーを感じている。そう確信できたので、そのあとも思い切ったプレーが出来ました」

　ゲームが始まった最初のプレーで水谷の動揺に気づいた観察眼は鋭いし、彼の非凡さを証明する発言でもある。

　だが、この言葉の前提として存在するのは、2人の立ち位置の明確な違いである。

「東京五輪までは怖い物知らずで突っ走ってしていきたい」という言葉も取材ノートに刻まれているが、14歳の最年少王者は自らも年齢を重ね、いずれ追われる立場に身を置く日が来ることをうっすらとでも予測していただろうか。

　この時点の張本のように、水谷も怖い物知らずの勢いに任せてプレーしていた時代がある。そのときのことを振り返ってくれたこともあるが、彼が口にしたのは意外なことだった。

　初めて世界選手権の個人戦に挑んだ2005年の世界卓球選手権上海大会で、世界ランキング183位だった水谷は世界ランキング8位の荘智淵（台湾）を破る大金星をあげたのだが、彼のなかに残っているのは歓喜の記憶だけではなかった。

「僕が思いきってロングサーブを出したプレーが勝負の決め手になったのですが、それから経験を積んで卓球の怖さを知れば知るほど、あのときのプレーができなくなったんです。技術的にははるかに向上しているはずなのに、かつて出せていたサーブが同じような局面で出せなくなる。経験がすべてプラスに働かないのも、卓球というスポーツの魅力かもしれません」

　水谷の述懐をそのまま張本に重ねると、こんな推論が成り立たないだろうか。「怖い物知らず」でぶつかっていけたからこそ、敗北の痛みも「経験不足」を理由に軽減できる。恵まれた環境に加え、追う立場の強みが、彼の挫折を浅くしてきたのではないか―と。

　だとすれば、金メダル獲得を目標にしていた東京五輪を終え、19歳になった張本は今、かつて味わったことのない重圧を感じ始めているはずである。

　水谷から覇権を奪った全日本男子シングルスの栄冠も、一度手にしたきりでその後はかつて視界には入っていなかったであろうライバルたちに苦杯をなめている。成長と停滞を繰り返すようになった日本卓球界の新たなエースは、13歳のときの対談で水谷と共有した「挫折」という言葉と、まったく違う感情で向き合い始めているのかもしれない。

　数奇な運命のめぐりあわせで日の丸を背負うことになった希有な才能は、これまで体験したことのない深い挫折と向き合ったとき、その苦しみを自らの人間的な成長につなげていくことができるだろうか。幼少期からエリート街道を進んできた"怪物"も近い将来、人生の分岐点となる選択と決断を迫られるはずである。

第4章

運動部活動の歴史と政策

―部活動地域移行の目指すべき方向性について―

黒澤寛己

1. はじめに

　テレビや新聞で運動部活動に関するニュースが数多く取り上げられている。それはスポーツ庁が、運動部活動の地域移行に関する検討会議の提言を受けて、2023（令和 5）年から公立中学校の休日の運動部活動を段階的に地域へ移行しようとしているからである。その意義は、生徒のスポーツに親しむ機会を確保し、自主的・主体的な参加による活動を通じ、責任感・連帯感を涵養し、自主性の育成に寄与しようとするものである。

　そのことが、将来にわたり日本の子供たちがスポーツを継続して親しむことのできる機会を確保することになると考えられている。さらに、学校の働き方改革を推進し、教員の負担を軽減し、学校教育の質を向上させることも目指している。

　提言には具体的な「受け皿」として、多様なスポーツ団体等（総合型地域スポーツクラブやスポーツ少年団、クラブチーム、プロスポーツチーム、民間事業者、フィットネスクラブ、大学等）や学校関係組織・団体（地域学校協働本部や保護者会等）などが想定されている。

　実は、部活動の地域移行については 1970 年代から様々な取り組みがなされている「古くて新しい」問題でもある。具体的には、1970 年頃に、顧問教員の指導手当や運動部活動中の事故が問題となり、学校の部活動を社会体育へ移行する施策が実行された。また、1992（平成 4）年から学校 5 日制が月 1 回で開始され、1995（平成 7）年には月 2 回、2002（平成 19）年に完全実施される中で、土曜日の部活動は行わず、地域や家庭での活動を優先する方針が取られた。

　しかし、部活動を代替するための「受け皿」となる組織や団体が十分でなく、結果的に学校の部活動がそれらを引き受けることになった。また、2000（平成 12）年に策定された「スポーツ振興基本計画」では、各中学校区域に 1 つの「総合型地域スポーツクラブ」が設立されることを目標とした。現在では、全国に 3000 以上のクラブが設立されているが、部活動を代替するには至っていない。歴史的に見ると、過去に何度も部活動の地域移行が試行されたが、いずれも充分な「受け皿」を作ることができずに失敗している。

　現在、中学校の運動部参加率は 2013（平成 25）年度をピークに減少しており、2021（令和 3）年度までに約 7.8 ％減少している。特に 2019（令和元年）度から 2021（令和 3 年）度の期間で顕著に減少している（図 1）。

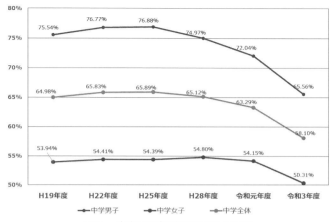

図1　中学運動部活動参加率の推移

出典：スポーツ庁作成資料　運動部活動の地域移行に関する検討会議提言
（令和4年6月6日運動部活動の地域移行に関する検討会議）

　その理由は、少子化による部員不足や顧問教員の不足など、様々な要因が考えられるが、一番の要因は中学校の教育方針の変化であろう。これまで、多くの中学校では生徒指導や放課後時間の有効活用の観点から、部活動への全員加入を指導方針としてきた。

　しかし、学習指導要領に「自主的・自発的な活動」と示されていることから、一部の教育関係者が、「強制加入はおかしい」という論調で全員加入の指導を批判した。その結果、中学校の指導方針が変化したことで、参加率が極端に減少したのではないだろうか。

　その証左に、加入が任意となっている高校については、全国高体連や京都府高体連の加入率を確認すると、少子化の影響で加盟校や加盟数は減少しているものの、参加率は増加傾向にある（図2）。

　これらのことから、生徒たちにとって運動部活動は、単にスポーツの競技力向上を目指すだけでなく、勝利の達成感、負けた時の挫折感、友人や先輩・後輩などの異年齢との交流などを経験することができる貴重な教育活動の場であると考えられる。運動部活動を充分な「受け皿」を整備することなく、地域へ移行することは生徒や保護者だけでなく、学校にとってもプラスになるとは考えられない。

　本稿では、長い歴史の中で学校文化として定着している部活動の価値を学校と地域で共有する方法をスポーツ政策の視点から検討したい。

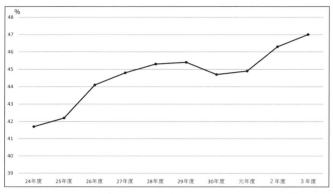

図2　平成24〜令和3年度 運動部加入率推移（全日制課程）

出典：京都府高等学校体育連盟「高体連誌第31号」

2. 運動部活動の歴史

2.1 運動部活動の変遷

　日本の運動部活動は、明治時代初期の中等・高等教育機関において結成された組織的なスポーツ活動が源流となっている。外国から入ってきたボート・陸上競技、サッカー・野球などの競技と日本伝統の柔術や剣術などについて、教職員や生徒の有志が課外活動として自主的に始めた。当初は、外国人教師の指導のもとに個別競技の集まりであったが、各学校に「校友会」や「運動会」（行事として実施される運動会とは別の意味）などの統括団体が組織された。

　その後、国際オリンピック大会や明治神宮競技大会（現在の国民スポーツ大会の前身）が開かれ、本格的な競技会が次々と開催されるようになった。それらの影響もあり、中等・高等教育機関の運動部が飛躍的に発展した。

　しかし、本来の教育活動への弊害を考慮して、加熱する部活動を警告する通達が当時の文部省から発せられていた。その代表的な事例が1926（大正15）年の「体育運動振興に関する文部訓令第3号」や1932（昭和7）年の「野球ノ統制並試行二関スル件」（野球統制令）である。

　これらは、学業重視とアマチュアリズムを根本に据えた運営を行うように指導を促した省令であり、練習時間や対外試合数の制限など、学生が学業に専念するよう求めている。また、驚くことに東京朝日新聞（現朝日新聞東京本社）が

1911（明治44）年に「野球と其害毒」という連載を実施して、野球が如何に害毒のあるスポーツかについて、有識者の見解を掲載している。

　これら、国や学校、マスコミなどから様々な規制が打ち出されたにも関わらず、生徒のスポーツに対する取り組みは過熱の一途をたどった。

戦前の運動部活動の様子

昭和2年　剣道部

昭和12年　ラグビー部

昭和18年　柔道部

出典：京一商同窓会『京一商百周年記念誌』
京都市立第一商業学校（京一商）
1886（明治19）年創立、戦前の文武両道の名門校
現京都市立西京高等学校

　昭和の時代に入り、軍部が台頭し日中戦争に突入すると、学校教育が急速に戦時体制に組み込まれるようになった。この時代はスポーツの価値よりも軍事訓練が優先され、学校内の運動部を統括していた組織は、報国団や報国隊へと改編され軍事体制に組み込まれた。運動部も対外試合や練習を停止し、従来行われていた競技から戦闘に直接関係する競技（手榴弾投げやグライダー競技など）へと姿を変えていったのである。

　第二次世界大戦の終結とともに、日本の教育制度は戦前の軍国主義から民主主義へとGHQ（連合国総司令部）によって政策転換が図られた。運動部活動はその影響を受け、民主的なスポーツ活動へと転換することになった。柔道や剣道などの武道は軍国主義の構成要素として判断され、GHQより学校武道禁止令が出され、授業や課外活動として行うことが禁止された。

　終戦により、運動部活動は民主的なスポーツ活動として再スタートを切ることになった。次章では、学習指導要領の変遷を通して、戦後の部活動について説明

する。

2.2 学習指導要領と部活動

　ここでは、部活動が何を根拠に学校教育の中に位置付けられているのかについて表を用いて説明する（表1）。

　まず、戦後新しい教育制度がスタートした際に、クラブ活動と部活動の区別は曖昧で1947（昭和22）年学習指導要領（試案）では、「自由研究」の中に、1951（昭和26）年には「特別教育活動」にクラブ活動が位置付けられることになった（時期①②）。次に時期③では、学習指導要領が法的拘束力を持つことになり「特別教育活動」のクラブ活動として、全員が参加することになった。その後、部活動は学校教育と社会教育の間を揺れ動き、現在のように学校教育の中に組み込まれていった。時期④の改訂では、クラブ活動は必修として時間割の中（週1時間必修）に組み込まれ、部活動は生徒の自主的な活動として放課後や休日に行うこととなった。この改訂の主旨は、学校は週1時間のクラブ活動については責任を持って指導するが、部活動は生徒が放課後に自主的に取り組むこと、として区別したのである。

表1　学習指導要領（中学校・高校）上のクラブと部活動の取り扱いをめぐる変遷過程

時期	改訂年	教育課程	教育課程外
①	1947（昭和22）年	クラブ（自由研究）	
②	1951（昭和26）年	クラブ（特別教育活動）	
③	1958（昭和33）年（中学） 1960（昭和35）年（高校）	クラブ （特別教育活動）	
④	1969（昭和44）年（中学） 1970（昭和45）年（高校）	クラブ（必修） （特別活動）	部活動
⑤	1977（昭和52）年（中学） 1978（昭和53）年（高校）	クラブ（必修） （特別活動）	部活動
⑥	1989（平成元）年	クラブ（必修）⇔選択可能⇔部活動 （特別活動）	
⑦	1998（平成10）年（中学） 1999（平成11）年（高校）	部活動	
⑧	2008（平成20）年（中学） 2009（平成21）年（高校）	部活動	
⑨	2021（令和3）年（中学） 2022（令和4）年（高校）	部活動	

出典：神谷（2015）をもとに筆者作成

　この間、部活動を社会体育へ移行することも模索されたが、具体的な制度を設計することができず、徐々にクラブ活動が形骸化することとなる。そして、時期⑥では、放課後の部活動をクラブ活動の単位に読み替える「代替措置」が取られるようになった。

　例えば、金曜日の6時間目にクラブ活動の時間を設定し、6時間目から放課後まで部活動を行う生徒と、6時間目だけクラブ活動に参加する生徒が存在することになった。結局、この代替措置は部活動の開始時間が早まっただけとなり、あまり意味をなさなかった。新しく「総合的な学習の時間」が設置されたことから、必修クラブが廃止された（時期⑦）。

　しかし、多くの学校ではこれまで通り部活動が熱心に取り組まれていたため、（時期⑧）の改訂で学習指導要領総則に、初めて学校教育の一環として実施することが明確に示されたのである。時期⑨の改訂では、「持続可能な運営体制が整えられるようにするもの」と若干の文言修正があった。

　これまで、部活動が学校教育と社会教育の間に存在し、曖昧な制度であったため、教育現場は混乱していた。現在では、学習指導要領総則に明示されたことで、部活動が学校教育の一環であることが明確になり、部活動の問題が一層表面化したとも考えられる。部活動には、法的な規定は存在せず教育課程外の活動と位置付けられているため、保健体育科などの教科とは異なり、その指導内容については第1章の総則にごく限られた内容が示されているだけである。

学習指導要領　　学校運営上の留意事項（第1章「総則」より）
　ウ　教育課程外の学校教育活動と教育課程の関連が図られるように留意するものとする。特に，生徒の自主的，自発的な参加により行われる部活動については，スポーツや文化，科学等に親しませ，学習意欲の向上や責任感，連帯感の涵養等，学校教育が目指す資質・能力の育成に資するものであり，学校教育の一環として，教育課程との関連が図られるよう留意すること。その際，学校や地域の実態に応じ，地域の人々の協力，社会教育施設や社会教育関係団体等の各種団体との連携などの運営上の工夫を行い，持続可能な運営体制が整えられるようにするものとする。

　この文章を分解してみると、前半に「生徒の自主的、自発的な参加」「学習意欲の向上」「責任感・連帯感の涵養」「学校教育の一環」「教育課程との関連」な

どの留意事項が、後半に「地域の人々の協力」「各種団体との連携」「持続可能な運営体制」など運営上の諸注意が記載されている。いささか抽象的ではあるが、部活動の関係者（顧問教員、生徒、保護者）は、その趣旨を理解して指導・運営にあたる必要があろう。

　前回の学習指導要領から下線部の「持続可能な運営体制が整えられるように」が加筆されたことを考えると、いかに部活動を持続させることが難しくなっているかが伺い知れる。

2.3　働き方改革と運動部活動

　OECD（経済協力開発機構）の国際教員指導環境調査（TALIS）は、教員及び校長を対象に、2008（平成20）年から5年ごとに、教員の勤務環境や学校の学習環境に焦点を当てた調査を実施している。2018（平成30）年の調査報告において、日本の教員は日ごろから同僚と共に学び合い、指導改善につなげていることや、学級の規律が整っており、良好な学習の雰囲気がある点についても高い評価を受けている。

　しかし、日本の中学校教員は1週間の勤務時間が56.0時間で、参加国平均の38.3時間を大きく上回り、参加国中で最も長くなっている。書類作成などの事務業務も5.6時間（参加国平均2.7時間）と長い結果となっている。特に部活動などの課外活動の指導時間が、7.5時間で参加国平均の1.9時間と比べ突出していることが明らかとなった。

　さらに、日本の部活動の顧問は、担当教科が保健体育ではなく、かつ、担当部活動の競技経験がない割合が、中学校で26.9％、高等学校で25.3％の数値を示している。前回の調査と比較すると改善されているものの、部活動を担当する教員は精神的にも肉体的にも多くのストレスを抱えているといえよう（図3）。

　以上の結果を踏まえ文部科学省は、学校における働き方改革を強力に推進することとなった。具体的には、学校や教師が担う業務の明確化・適正化の周知徹底を行い、教員定数の改善や外部人材の拡充など学校の指導・事務体制の効果的な改革を実施している。

　部活動においては、スポーツ庁を中心に2つの制度を実行している。1つ目は、2018（平成30）年3月に「運動部活動の在り方に関する総合的なガイドライン」が作成された。そこでは、運動部活動に関する運営方法や環境整備についての指針が示されている。特に「適切な休養日等の設定」では、これまで各学校や顧問

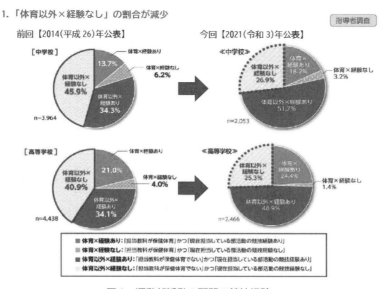

図3　運動部活動の顧問の競技経験

出典：JSPO「『学校運動部活動指導者の実態に関する調査』調査結果の概要」

教員の裁量に委ねられていた練習日や練習時間について、週当たり2日以上の休養日を設けることや、1日の活動時間を長くとも平日では2時間、休業日は3時間程度とするなど、具体的な指針が示された。

　2つ目は、2017（平成29）年4月に施行された「部活動指導員」の制度である。部活動指導員は、学校教育法の改正により学校職員として制度化された。従来の外部指導者は、生徒の技術指導のみに限定されていたが、この制度では、学校外の大会・練習試合等の単独引率が可能になることや、校長が単独で顧問を命じることができるようになった。顧問教員の負担軽減のために導入された制度であるが、現時点では各学校に数人しか配置することができず、予算措置などの面で多くの課題を抱えている制度であると言える。

3．部活動の今日的課題

3.1　少子化と部活動

　筆者は、現在の学校部活動の最も大きな問題は、急激な生徒数の減少にあると

考えている。

　文部科学省の「学校基本調査」によると、日本の18歳人口は、1992（平成4）年をピークに減少が続き、2009（平成21）年から2018（平成30）年までほぼ横ばいで推移している。2018（平成30）年以降は再び減少傾向に入っており、2032（令和14）年には100万人を下回り、その後もさらに減少が続くと推計されている。さらに、コロナ禍の影響もあり、2022（令和4）年の出生数は80万人を下回り、推計より10年ほど早いペースで少子化が進んでいる。

　このような状況に対して、岸田文雄首相は2023（令和5）年の年頭記者会見で「異次元の少子化対策」を打ち出した。その大きな柱は①児童手当などの経済支援の強化、②学童保育や病児保育、産後ケアなどの支援拡充、③働き方改革の推進の3つとされている。

　しかし、これまでの政府の取り組みや日本社会の環境変化、若者世代の結婚及び出産に対する意識の変化を見たときに、「異次元の少子化対策」の効果について疑問を持たざるを得ない。仮に相当な効果を上げたとしても、学校教育や部活動に対して実質的な効果が現れるのは15年以上先のことになる。

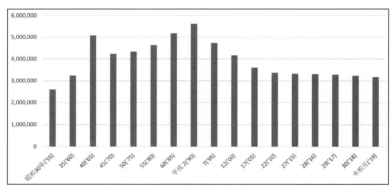

図4　高等学校生徒数の推移
文部科学統計要覧（令和2年版）高校在籍者数を元に筆者作成

　すでに高校では、1989（平成元）年度に過去最高の在籍者数である564万人を記録して以降、急激に減少している（図4）。1990年代は各高校の入学定員やクラス数を減らして対応していたが、2000年代以降は学校の統廃合が急激に進んでいる。文部科学省「学校基本調査」では、1988（昭和63）年に全国で5,512校であったが、2021（令和3）年には4856校にまで減少している。

　このような生徒数の減少が部活動に大きく影響している。例えば筆者が指導していた柔道部に関しては、京都府高体連柔道専門部の登録生徒数は1995（平成7）年に964人が登録していたが、2003（平成15）年には480人、2021（令和3）年には263人まで減少している。

　高校部活動の大会運営は選手の登録費や大会参加費で運営するため、1試合1000円の参加費を徴収した場合、1995（平成7）年には964,000円の予算を組めたが、2021（令和3）年には263,000円の収入しか見込めず、その予算内で会場費や審判謝礼などの必要経費を捻出しなければならない。

　また、出場校や出場選手が減少すると競技力が低下したり、競技力の差が拡大し大会への参加者が益々減少する結果となる。各学校の生徒数が減少することに比例して、教員数も減ることになり、競技を専門とする顧問教員の確保が厳しくなり、顧問教員が不足し、競技の指導や大会運営が難しくなる。

3.2　顧問教員の多忙化と負担

　部活動を担当する顧問教員の負担は年々増加している。2022（令和4）年度の教員勤務実態調査によると、国の指針で定める「月45時間」の上限を超える時間外勤務（残業）をしていた中学校教諭は、77.1％に上った。国が示す「過労死ライン」（残業月80時間）にも、36.6％の教員が該当していた。中学校教諭の1日あたりの在校時間は11.1時間で、部活動に携わる時間は平日で37分、土日では1時間29分となっていた。前回（5年前）調査の平日41分、土日が2時間9分に比べると若干の改善は見られるが、依然として負担があると考えられる。

　また、生徒数の減少に伴い、教員数が減少しているにも関わらず、部活動の設置数に変化が無いため、競技経験や指導経験の無い運動部の顧問を担当せざるを得ない実態があり、精神的な負担も大きい。

　つまり、教科指導や生徒指導など複数の業務を抱えながら、競技経験の無い部活動の顧問を手探りで行っている実態がある。さらに、顧問教員の業務は部活動の指導だけに留まらず、大会運営などの業務が付随する。高体連や中体連の運営は、競技経験のある教員を中心に各競技の「専門部」が組織される。その専門部が抽選会や試合会場の設営、審判の手配などの準備を行う。表2は筆者の経験をもとに高校柔道部の顧問教員の年間スケジュールを示したものである。

　年間を通して、試合や合宿・遠征などがあり、その度に大会のエントリー、抽選、会場設営・撤収、参加費や登録費の支払いなどの業務が必要となる。筆者の在職

中の 1997（平成 9）年には、全国高等学校総合体育大会（インターハイ）が京都府で開催されることになった。その際は、前述の「専門部」に所属する約 30 名の顧問教員と高校生が協力して、経験したことのない規模の全国大会を計画して運営した。大会の 1 年前から、前年度の開催地（山梨県甲府市）に約 1 週間の視察をしたり、資料の引継ぎや来賓の対応など、絶対にミスが許されないことから、精神的にも肉体的にも大きな負担となった経験がある。

　部活動の顧問になると、自校生徒の指導だけでなく連盟の業務負担が掛かって

表 2　柔道部顧問教員（高等学校・3 学期制）の年間予定

4 月	・入学式・始業式　新入生オリエンテーション 【顧問総会】・【京都府公立高等学校柔道大会】
5 月	【柔道部合同練習会】（ゴールデンウィーク期間） ・中間試験 【京都府高等学校総合体育大会】 ・教育実習
6 月	【全国高等学校総合体育大会柔道競技（インターハイ）個人試合京都府予選】 【全国高等学校総合体育大会柔道競技（インターハイ）団体試合京都府予選】
7 月	・期末試験 ・球技大会（バレーボール大会）
8 月	【全国高等学校総合体育大会柔道競技（インターハイ）】 【柔道部夏季合宿】（京都府内） ・始業式
9 月	・体育祭　・学園祭
10 月	・中間試験 ・研修旅行 【京都府高等学校柔道選手権大会（個人試合）兼 近畿高等学校柔道新人大会京都府予選】
11 月	【京都府高等学校柔道選手権大会兼 全国高等学校柔道選手権大会兼 近畿高等学校柔道新人大会（団体試合）京都府予選】
12 月	期末試験・終業式 【冬季遠征試合】奈良県
1 月	始業式 【全国高等学校柔道選手権大会（個人試合）京都府予選 京都府高等学校柔道段外選手権大会】
2 月	公立高等学校推薦入学試験 マラソン大会
3 月	学年末試験 公立高等学校一般入学試験 【柔道部春季合同練習会】京都府内

出所：〔伊藤 2014〕をもとに筆者作成

くることはあまり知られていない。これらの業務は学校の業務と直接関係ないので、出張などに行く際は同僚教員の理解を得ることは非常に難しい場合もある。

3.3　顧問教員の勤務条件

　ここでは、顧問教員（主として公立学校）の勤務条件について説明する。公立学校の教員は地方公務員に該当するので、地方公務員法第58条により、労働基準法が適用される。その上で、都道府県（政令指定都市含む）の条例などで具体的に勤務条件が定められている（地方教育行政の組織及び運営に関する法律第42条）。教員の勤務条件の中で、最も重要となるのが勤務時間の定めである。筆者の勤務していた京都市の条例では、「1日7時間45分、週38時間45分」と定められていた。よって、具体的な勤務時間は8時30分から17時（昼休み45分含む）までとなっていた。しかし、早朝の校門指導や放課後の部活動指導などを含めると、実質は10時間から12時間程度の勤務時間となっていた。

　公立の義務教育諸学校等の教育職員の給与等に関する特別措置法（以下、給特法）では、「原則として時間外勤務を命じないものとすること」と示されている。なお、時間外勤務を命ずる場合は「臨時又は緊急のやむを得ない必要があるときに限る」として、以下の4項目が例示されている。超勤4項目と呼ばれている。

「超勤4項目」
　イ　校外実習その他生徒の実習に関する業務
　ロ　修学旅行その他学校の行事に関する業務
　ハ　職員会議（設置者の定めるところにより学校に置かれるものをいう。）に関する業務
　二　非常災害の場合、児童又は生徒に関し緊急の措置を必要とする場合その他やむを得ない場合に必要な業務

　このように、時間外勤務を命ずる場合は臨時又は緊急のやむを得ない必要があるときに限る、となっているため部活動指導のために時間外勤務を校長が命じることは原則できないのである。よって、勤務時間外の部活動指導は勤務なのか、ボランティアなのか非常に曖昧な時間となっている。

　部活動の時間外勤務に対して正当な手当が支払われているのかというと、そこには前述の給特法の壁がある。給特法第三条第一項では「給料月額の百分の四に

相当する額を基準として、条例で定めるところにより、教職調整額を支給しなければならない」と示されている。そして、同法第三条二項では「時間外勤務手当及び休日勤務手当は、支給しない」と明記されている。つまり、教職調整額の4％を支給する代わりに残業代は支給しないということである。

その根拠となるのが、1966 年度に文部省（当時）が実施した「教員勤務状況調査」において、小中学校教員の時間外勤務時間が週当たり平均1時間48分（1日あたり約20分）を基準に算出されたことにある。その数値が、超過勤務手当算定の基礎となる給与に対して、約4％に相当すると算定されたのである。現在の教員は、1966 年当時の教員（1日約20分）と比較して、はるかに超える残業を行っているため、この根拠自体が意味をなさないものとなっている。

部活動指導に対する手当については、都道府県によって差があるものの、通常の残業とは異なる「特殊勤務手当」として支給されている。京都市の規定では、休日等の勤務時間外に練習や試合の指導をした場合に、1 時間以上 1200 円、2 時間以上 2400 円、3 時間以上は一律 3600 円の手当が支給されている。しかし、顧問教員の負担を考えると、この金額は必ずしも妥当とは言えない。

4. 部活動地域移行の現状

4.1 スポーツ庁による事業

前述したように、スポーツ庁は 2021（令和 3）年度より、休日部活動の段階的な地域移行を推進するための予算事業として「地域運動部活動推進事業」に取り組んでいる。

これは、スポーツ庁が全国各地の拠点校（地域）において実践研究を実施し、研究成果を普及させることで、休日の地域活動の全国展開につなげる目的がある。持続可能な部活動と教員の働き方改革の双方を実現することを目標としており、地域人材の協力を得て、生徒にとって望ましい部活動の機会を提供しようとするものである。現在（令和 5 年）、スポーツ庁から委託を受けた 47 都道府県、12 政令指定都市が受け皿整備等について、市部及び町村部での実践研究を実施している（102 地区町村）。

地域部活動の受け皿としては、総合型クラブや競技別クラブなどの地域のスポーツクラブや、関係団体の取りまとめや総合調整を担う教育委員会、体育（スポーツ）協会、民間スポーツ事業者、競技団体（陸上協会、サッカー協会等）があ

る。その他には保護者会や地域学校共同本部等が協力している事例もある。

　筆者は、本事業において滋賀県教育委員会からアドバイザーの委嘱を受けて、滋賀県内の2校の実践研究に携わっている。彦根市の稲枝中学校は、学区の支援地域協議会が部活動の指導に関わっており、スポーツ少年団の指導者や退職教員が部活動指導員として継続して指導している。5つの部活動において、休日・祝日を含めて40日程度の指導を実証事業として実施した。

表3　滋賀県地域部活動推進事業拠点校の取り組み

	彦根市	米原市
運営団体	稲枝中学校区 支援地域協議会	（公益財団法人） 伊吹山麓まいばら スポーツ文化振興事業団
中学校	彦根市立稲枝中学校	米原市立伊吹山中学校
部活動	バスケットボール（男子） バスケットボール（女子） ソフトテニス（女子） 卓球（男女） 剣道（男女）	ホッケー（男子） ホッケー（女子） 卓球（男子） 卓球（女子）

（筆者作成）

　米原市の伊吹山中学校では、（公益財団法人）伊吹山麓まいばらスポーツ文化振興事業団に委託し、同事業団が主催するスポーツ事業に生徒が参加する方法を取っている。具体的には、同事業団が休日（土曜日）に実施する県内中学生を対象とした「ジュニアホッケークラブ」と市内中学生を対象として「いぶき卓球クラブ」に、同校のホッケー部員と卓球部員が参加することで、中学校の負担を軽減しようとするものである。

　両校の取り組みは、既に地域でスポーツ指導を実施している団体との信頼関係が構築できていることから、外部の指導者が円滑に指導できている。アンケート結果を見ても、生徒から「楽しかった」「運動の技術が向上した」などポジティブな回答が多く見られた。教職員からは「休日の時間的な負担軽減になっている」との回答が多くを占めていた。

　しかし、保護者アンケートなどには、今後の予算計上について不安の声が出ていたことから、参加費や謝礼などをどのように確保するかについては、安易に受益者負担を強いることは難しいと考えられる。

　休日の部活動指導を民間スポーツ事業者に委託する取り組みも実施されてい

る。京都市は 2022（令和 4）年 9 月から 2 校 4 部活で民間スポーツクラブに委託している。指導者を派遣しているのは、東京に本社を置くリーフラス株式会社である。同社は全国でサッカーや野球など 4 千以上のスクールの経営を行っており、十数年前から部活動の支援に取り組んでいる。これまで千校近く受託した実績を持っている。事前に指導スタッフの研修を実施し、正社員の統括責任者を京都市内に配置し、練習中の事故や怪我、出欠席などの連絡を保護者に直接連絡している。

　京都市がスポーツ庁に提出した報告書には、保護者や生徒へのアンケート結果として、概ね良好な指導を受けたことが明らかとなっている。しかし、保護者への金銭的な負担については、「部活動に会費等の費用負担が生じること自体，受け入れられない」「費用負担が生じるのであれば，資格制度等で指導者の質の担保が求められる」「費用負担が生じることで，部活動離れが起きないか心配」など否定的な回答が見られた。

　以上のことから、地域移行や外部人材の活用によって、スポーツの技能向上を図る点においては、概ね理解を得ることは可能であるが、金銭的な負担を誰が負うのか、という点については、さらに学校や生徒・保護者の共通理解を図る必要があろう。

4.2 経済産業省による事業

　文部科学省が 2020（令和 2）年に公表した「令和 5 年度から休日の部活動を段階的に地域に移行する」との方向性に呼応し、スポーツ産業を振興する経済産業省は、日本における「サービス業としての地域スポーツクラブ」の可能性とジュニア世代のスポーツ基盤である「学校部活動」の継続という 2 つの問題意識を出発点に、「地域×スポーツクラブ産業研究会」を、2020（令和 2）年 10 月に発足させた。

　同研究会が 2021（令和元）年 6 月に公表した「第 1 次提言」では、持続可能なサービス業として 15 歳以下・18 歳以下世代をはじめ全世代に広くスポーツ環境を提供する姿（新しい社会システム）に必要な内容を提言した。

　第 1 次提言公表後は、全国 10 か所で、「未来のブカツ」フィージリングスタディ事業（FS 事業）を実施した。この事業では、従来からの学校部活動（学校が担い教育課程外の教育活動、運営を外部委託する場合は、外部指導者に指導を任せる場合も含む）を「部活」と呼び、様々な運営主体が提供する地域のスポーツ

活動で、従来の学校部活動とは異なる多様性に富んだ姿をイメージしたものを「ブカツ」と定義している。

4.2.1　中小都市における調査

　筆者が所属する大阪成蹊大学スポーツイノベーション研究所は、滋賀県高島市と大学連携モデル構築を検証するプロジェクトとして同 FS 事業に採択された。調査は 2021（令和 3）年 8 月から 2022（令和 4）年 2 月の期間に実施した。高島市には 6 中学で全 55 の部活動があり、その内の 42 部が運動部であった。

　実証実験では、高島市内の A 中学校で、びわこ成蹊スポーツ大学の陸上競技部員 2 名、ソフトテニス部員 3 名が約 2 時間の練習指導を行った。なお、指導の際には大学と連携している総合型スポーツクラブの「びわこスポーツクラブ」のスタッフも指導現場の管理・監督と練習メニューの監修のため、同行した。

　練習後のアンケート調査では、「指導者がアドバイスをしてくれた」「（技術面で）納得のいく説明をしてくれた」「もっと上手になりたいと思った」など概ね肯定的な回答が多かった。

　保護者へのアンケートでは、「専門性の高い指導」に期待していることが分かった。しかし、指導料などの費用支出や移動の負荷（時間・費用）に不安があることも明らかとなった。特に休日部活動に対する費用支出については、価格需要度を分析（PSM 分析）した結果、保護者は 1 か月「2500 円」を適正価格とする結果が出た。

　以上のことから、大学生という人的資源を有効活用することが部活動の地域移行に対して有効に作用することが明らかとなった。しかし、大学生だけでは市内の中学校を担当することは費用面、人材面などで不可能であることから、地域スポーツクラブなどと連携することによって、実現の可能性が高まると考えらえる。

4.2.2　大都市における調査

　大阪成蹊大学スポーツイノベーション研究所は、高島市の事例研究をさらに発展させたモデルとして、大規模自治体における地域循環・ネットワークを活用した部活動地域移行のモデルを形成し、その検証を行うために京都市と大阪市と連携した実証研究に取り組んでいる。

　ここでは、筆者が担当した京都市の事例について説明する。京都市内には公立中学校が約 60 校あり、約 800 部が活動している。その部活動を担当する顧問教員が不足しており、特に専門の技術指導のできる教員が確保できていない状況がる。京都市内外には約 10 万人以上の大学生が居住しているが、大学生が中学校

の部活動に携わっている事例は少ない。そこで、大学生の指導ニーズの有無や効果的な指導人材の確保について、実証研究を行うこととなった。

　2022 年 10 月から、京都市内の中学校に本事業の趣旨と学生指導者の派遣について、文書にて説明を行った。当初、派遣を希望する中学校が出てくるか心配していたが、8 中学校 13 部活から応募があった。このことは、現在の中学校で技術指導のできる顧問教員が求められているが明らかとなった。

　並行して、大学内で指導を希望する学生を募集し、日程や派遣中学校を決定した。事前指導を筆者とスポーツ統括課の担当職員が行い、各学生が事前打ち合わせのため、中学校を訪問した。その際、可能な範囲で筆者や研究所の教員も中学校を訪問して、指導内容や指導方法を確認した。さらに、部活動中の事故や怪我を防止する観点から、期間中には中間報告会を開催して、他校の指導内容や指導の改善点などについて、教員と学生が情報交換を行った。

　11 月から 12 月の休日（土日・祝日）に、合計で 33 名という多くの学生を派遣することができた。その要因は、本学には教員やスポーツ指導者を目指している学生が多く在籍していること、時期的に主要な試合が無かったこと、派遣手当が、時給 2000 円と交通費（実費）などの条件によるものと考えられる。

　派遣前の事前指導や中間報告会を実施したことで、学生の指導意欲や指導方法

大学生による指導の様子

の向上が見られたことなどから、中学校の管理職（校長・教頭）や顧問教員から高い評価を得ることができた。具体的には「部員への接し方」や「専門性の高い指導方法や技能の示範」などについて、評価を受けることとなった。学生の中には、指導期間以降に中学校から「部活動指導員」として正式に契約して欲しいと依頼を受ける者もいた。

5.　おわりに

　本章では、運動部活動の歴史と変遷について、これまで実施された政策をもとに論じてきた。それらを元にして、スポーツ庁や経済産業省が取り組んでいる実証研究を通じて、地域移行の問題や課題について考察を試みた。

　これまで運動部活動は、学校教育と社会教育の間で揺れ動いていた。今回は、教員の労働時間が先進諸国の中で突出して長いという結果と、残業が月80時間の過労死ラインという「社会指標」を逸脱していることが明らかとなった。そこで、残業時間の多くを占めている運動部活動の指導が一挙にクローズアップされることになった。

　今後、部活動の地域移行を進めていくには、「受け皿」となる団体の確保、指導者の確保、施設の充実、予算措置など多くの解決すべき課題が存在している。

　しかし、それら課題の多くは「技術的問題」であり、適切な予算を配分すれば解決できるものである。本質的な問題は、部活動の地域移行を通じて、日本のスポーツ環境をどのように整備すべきか、そして生徒をどのように導くかという「適応課題」に取り組むことにあると考える。

　そのためには、教育やスポーツ関係者、生徒・保護者、地域住民が共通して認識できる大きなビジョンを示すべきであろう。筆者は今回の事業を通じて、「日本のスポーツの価値を高め、学校と地域でその価値を共有する」という政策ビジョンを提案したい（図5参照）。そして、中学の運動部活動の移行に関する施策については、「生涯スポーツの基盤作り」というミッションのもとに様々な事業を展開すべきであると考えている。

　現在、我々の研究を含めて数多くの事例が報告されている。特に市町村レベルの取り組みで、学校と地域の優れた事例が数多く報告されている。

　今後は、関係する省庁の支援を受けながら、実現可能な部活動地域移行のモデルを提案したい。

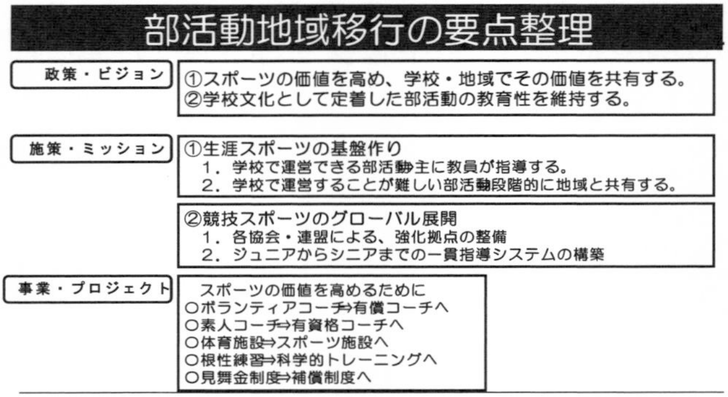

図5　部活動地域以降の概念図
筆者作成

【参考文献】

井上一男（1970）『学校体育制度史増補版』大修館書店，p.251

神谷拓（2015）『運動部活動の教育学入門―歴史とダイアローグ』大修館書店，p.254

経済産業省（2022）「「未来のブカツ」ビジョン」，経済産業省　地域×スポーツクラブ産業研究会

文部科学省（2018）『中学校学習指導要領（平成29年告示)』，文部科学省

国立社会保障・人口問題研究所（2023）「日本の将来推計人口」

文部科学省（2020）OECD国際教員指導環境調査2018報告書vol.2のポイント，文部科学省

文部科学省（2022）「令和4年度学校基本調査」，文部科学省

文部科学省（2023）教員勤務実態調査（令和4年度）【速報値】，文部科学省

中澤篤史（2014）『運動部活動の戦後と現在　なぜスポーツは学校教育に結び付けられるのか』青弓社，pp.119-120

日本体育協会（2014）「学校運動部活動指導者の実態に関する調査」，日本体育協会

日本スポーツ協会（2021）「学校運動部活動指導者の実態に関する調査」，日本スポーツ協会.

西川純（2023）「部活動顧問の断り方」，東洋館出版社

大阪成蹊大学（2022）「大学リソースを活用した部活動の地域移行の受け皿整備の検証」大阪成蹊大学スポーツイノベーション研究所

大阪成蹊大学（2023）「大規模自治体における地域資源・ネットワークを活用した部活動地域移行のモデル形成・検証」大阪成蹊大学スポーツイノベーション研究所

スポーツ庁地域スポーツ課（2023）「運動部活動の地域連携・地域移行と地域スポーツ環境の整備について」スポーツ庁地域スポーツ課

内田良（2017）「ブラック部活動　子どもと先生の苦しみに向き合う」，東洋館出版社

京一商同窓会（1986）『京一商百周年記念誌』

第5章

運動部活動の地域連携や地域スポーツクラブ活動移行の在り方の検討

―大阪市における実証事業と実態調査から―

古川拓也

1. はじめに

　近年の学校運動部活動（以下、『運動部活動』）改革では、運動部活動の地域連携や地域スポーツクラブへの活動の移行（以下、『地域移行』）が模索されている。そこで本章では、今後の地域連携や地域移行、そして理想的な子どものスポーツ環境の在り方について検討を行う。

　運動部活動は、子どもが自主的・主体的にスポーツへ関わることで、スポーツに親しむ態度を身につけ、運動能力・技能を高めること、さらには活動を通して、教師や仲間との人間関係構築や連帯感、責任感など、学校教育が目指す資質・能力を醸成することが教育的効果として期待されている。実際、学校への適応や心理社会的発達などの効果が報告されており［今宿他，2019］、学校教育の一環として運動部活動には教育的意義が見いだされてきた。

　しかし、少子化や働き方の見直しといった社会や経済の変化に伴い、教育課題も複雑化し、これまで主に学校資源によって成立してきた運動部活動の在り方は見直しが迫られている。運動部活動は、その教育的意義がより重視されてきたが、日本のスポーツ振興や競技力向上に寄与してきた歴史的背景を踏まえると、昨今の運動部活動改革は、単に運動部活動自体を改革することではなく、子どもたちのスポーツ環境の在り方を捉え直す契機であり、より良い仕組を再構築する絶好の機会と言える。したがって、本章が、日本の子どものスポーツ環境に関する議論の一助になれば幸いである。

　本章の構成は次の通りである。まず初めに運動部活動に関する政策の変遷を概観する。特に地域移行に関する議論や課題に着目し、スポーツと学校教育の「日本特殊的関係」を切り離そうとした過去と現在の試みを確認する。次に、大阪成蹊大学スポーツイノベーション研究所が受託し、大阪市教育委員会ならびに京都市教育委員会と協働して実施した経済産業省実証事業「未来のブカツ」の取り組みと成果について触れ、特に大阪市の実証成果から得られた示唆について述べる。次いで、大阪市教育委員会が 2022 年度に実施した学校部活動に関する実態調査から、生徒を対象とした調査の主要な結果を参照し、その結果に対する考察を行う。最後に実証事業と実態調査を踏まえた実践的示唆を提示する。

2.　運動部活動改革と「地域移行」の取り組み

2.1　運動部活動の「地域移行」の議論

　平成 30 年（2018 年）3 月にスポーツ庁が「運動部活動の在り方に関する総合的なガイドライン」を策定して以降、運動部活動の在り方に関する議論はより活性化し、中でも、本章のテーマでもある、運動部活動の地域移行に関する議論は中心的なものとなっている。しかしながら、前章にて述べている様に運動部活動の在り方に関する議論は決して近年に始まったものではない。戦前より運動部活動は対外試合の興盛によって過熱化が懸念され、戦後においても過熱化や行き過ぎた指導、教師にかかる負担が問題視されている。特に、戦後の運動部活動では、それらの問題を解決する手段のひとつとして、活動を地域スポーツクラブ等へ移行させることが模索されてきた。

　例えば熊本県では、1970 年 11 月「児童・生徒の体育スポーツ活動について」を通達し、県全体の政策として運動部活動の社会体育化を大規模に進めている［熊本県，1970］。1969 年の学習指導要領の改訂で課程内教育として始まった必須クラブ活動により、部活動の位置づけが曖昧なものとなる。その曖昧な仕組の中で発生した不慮の事故が、熊本県全地域での社会体育化を推し進めたとされている。

　しかしながら、1978 年に災害共済給付制度の内容が充実したことや、必須クラブの実施方法に関する混乱、社会体育化したクラブでの教育的配慮の無い指導への問題視などの要因から、社会体育としての部活動は再び学校教育活動として実施されるようになった［中澤，2014：117-120；神谷，2015：67-71］。

　また、1995 年より「総合型地域スポーツクラブ育成モデル事業」として総合型地域スポーツクラブの育成を文部省は推進した。内閣総理大臣の諮問機関である青少年問題審議会の 1999 年 7 月 22 日の答申では、「青少年は地域社会からはぐくむ」という考えのもと、「地域コミュニティを基盤とした青少年の多様な活動の場づくり」の具体的提案のひとつとして総合型地域スポーツクラブの育成・定着を提言している［青少年問題審議会，1999］。ここで改めて言及しておきたいのは、この総合型地域スポーツクラブもまた、部活動の外部化の模索の中で検討された「受け皿」のひとつだったということである。

　部活動の地域移行という、まさに「古くて新しい」問題は、これまでも部活動が抱える問題を解決する手段の一つとして検討されてきたが、地域の活動として

全国的に定着するには至っていないのが現状である。

2.2 近年の運動部活動改革

　ここからは近年の運動部活動改革の動向について概観したい。

　近年の運動部活動改革の契機は、2012年の大阪市立桜宮高等学校における体罰事案であったといっても過言ではない。運動部活動の変遷を振り返ると、過熱化の問題と共に行き過ぎた指導や練習における暴力は度々問題視されてきた。しかしながら、2012年12月に生じた大阪市立桜宮高校バスケットボール部主将の男子生徒が同部顧問だった元教員から受けた暴行により、自ら命を絶つという痛ましい事案は、運動部活動における指導の在り方が大きな問題として取り上げられることとなった。文部科学省は体罰事案に関する各種調査を踏まえ、2013年3月に「体罰の禁止及び児童生徒理解に基づく指導の徹底について」を、2013年5月に「体罰根絶に向けた取組の徹底について」通知している［文部科学省，2013a；2013b］。一方、2013年1月に内閣の閣議決定を経て発足した教育再生実行会議は、同年2月に第1次提言「いじめの問題等への対応について」の中で部活動指導ガイドラインの策定を提言した［教育再生実行会議，2013］。発足からわずか1か月で体罰禁止の徹底とガイドラインの策定が提言されたことは、緊急性が認識されていたと考えられる。桜宮高校体罰事案の発生によって体罰を改めて社会問題として認識させられたこと、教育再生実行会議の第一次提言にてガイドライン策定が提言されたことを踏まえ、文部科学省は「運動部活動の在り方に関する調査研究協力者会議」を設置し、2013年5月には調査研究報告書の中で「運動部活動での指導のガイドライン」を提示した［文部科学省，2013c］。このガイドラインの中では、「3. 運動部活動の学校教育における位置づけ、意義、役割等について」の中で、「③生徒の自主的、自発的な活動の場の充実に向けて、運動部活動、総合型地域スポーツクラブ等が地域の特色を生かして取り組むこと、また、必要に応じて連携することが望まれます」と、生徒の多様なニーズに応えるためには、地域のスポーツクラブ等との連携など地域の関係団体と連携を図ることが期待された。

　そして、運動部活動の指導の在り方に加え、教師の運動部活動への関わり方が問題視されるようになる。2014年7月に日本スポーツ協会（当時、日本体育協会）は「学校運動部活動指導者の実態に関する調査」を公表した。本調査は、①公認スポーツ指導者資格の認知度・保有率や活動の実態を調査すること、②学校運動

部活動指導者の属性およびその構成比率を把握することを目的として実施された
ものだが、運動部活動に関わる教師のうち「担当教科が保健体育ではない」かつ
「現在担当している部活動の競技経験なし」の教員が、中学校で 45.9%、高校で
40.9% であること、これらの教師のうち中学校で 39.5%、高校で 38.3% が「自分
自身の専門的指導力の不足」を課題にしていることなど、運動部活動に関わる指
導者の実態として、指導の専門性や校務への影響などの課題が存在することが明
らかとなった［日本スポーツ協会，2014］。

　また、2014 年 11 月に「過労死等防止対策推進法」が施行されたように、日本
国内で過労死等の多発により長時間労働や働き方が大きな社会問題となった。そ
の様な中で、文部科学省は 2016 年に実施した教員勤務実態調査を公表し、週 60
時間以上の勤務を行っていた教師は小学校で 33.5%、中学校で 57.7% にも上って
いることが明らかとなった［文部科学省，2018］。さらに、中学校の教師が土日
に部活動・クラブ活動に関わる時間は 2006 年の調査と比較して約 2 倍に増加し
ていることや、教師全員が部活動の顧問に当たることを原則としている学校が一
定数あること、学内勤務時間は部活動に関わる日数が多いほど長いことなど、運
動部活動に関わる教師の時間的負担が再び問題視されるようになった。2017 年 6
月には部活動も含めた学校が担うべき業務の在り方が、当時の松野文部科学大臣
から中央教育審議会へ諮問された。そして、同年 8 月に学校における働き方改革
特別部会にて「緊急提言」が示され、「校長や服務監督権者である教育委員会は，
教職員の意識改革を図るためにも以下の取組を一層進めるとともに，給与負担者
である教育委員会並びに国は，積極的に指導助言及び支援すべきである」として、
学校運営の持続可能性を高める観点から、部活動の適切な運営として、休養日を
含めた適切な活動時間の設定と部活動指導員の活用や地域との連携等必要な方策
を講じることが提言されている［学校における働き方改革特別部会，2017］。

　そして、同年 12 月に中央教育審議会の議論をまとめた「中間まとめ」が公表
される。部活動は「学校の業務だが、必ずしも教師が担う必要のない業務」とし
て明記され、部活動指導員等の外部人材を活用することで「教師以外の者が担う
ことも積極的に検討するべき」と提言されたのと同時に、将来的には「学校単位
の取組から地域単位の取組にし、学校以外が担うことも積極的に進めるべきであ
る」と、部活動の地域移行が提言された。この「中間まとめ」を踏まえて文部科
学省がまとめた「緊急対策」では、ガイドラインの作成・提示、部活動指導員や
外部人材の積極的な参画の促進、大会の在り方の見直し等の 7 つの具体的な取り

組みの中に、部活動の地域移行についても方向性が示された。そして、2018年3月にスポーツ庁が策定した「運動部活動の在り方に関する総合的なガイドライン」において「学校と地域が協働・融合した形での地域におけるスポーツ環境の整備を進める」ことが明記される。2019年1月には中央教育審議会が「新しい時代の教育に向けた持続可能な学校指導・運営制の構築のための学校における働き方改革に関する総合的な方策について（答申）」を取りまとめ、改めて学校単位から地域単位への取組に移行させることが提言として示された［中央教育審議会, 2019］。これらの提言を踏まえて2020年9月にスポーツ庁は、「学校の働き方改革を踏まえた部活動改革」の中で、2023年以降に休日の部活動を段階的に地域へ移行させること、休日の部活動指導を望まない教師が休日に従事しないことを方針として示した。そして地域への移行を具体的に実現するべく、翌年10月には運動部活動の地域移行に関する検討会議が設置され、主に①地域における受け皿の整備方策、②指導者の質及び量の確保方策、③運動施設の確保方策、④大会の在り方、⑤費用負担の在り方等が検討された。2022年6月にまとめられた提言では、「少子化の中でも、将来にわたり我が国の子供たちがスポーツに継続して親しむことができる機会を確保」することや、「地域の持続可能で多様なスポーツ環境を一体的に整備し、子供たちの多様な体験機会を確保」することなどが目標として位置づけられている［スポーツ庁, 2020］。2022年12月に策定された「学校部活動及び新たな地域クラブ活動の在り方に関する総合的なガイドライン」では、従来のガイドラインに沿った形で運動部活動の在り方が示されているだけでなく、地域移行した際の新たな地域クラブ活動の在り方や、地域移行に向けた環境整備について、そして大会の在り方の見直しについてもその在り方が示されている。

　近年の運動部活動改革は、運動部活動における指導の見直しや、教員の働き方改革を契機に、政策課題としてその改革に関する施策が取り扱われるようになった。そして地域移行の議論では、学校教育の一環としての議論から、「地域の子供たちは、学校を含めた地域で育てる」という意識のもと子供たちのスポーツ・芸術文化活動の環境整備の議論へと展開を見せている。

2.3 「地域移行」に関する議論の整理と課題

　上述してきた通り、運動部活動ではこれまでも地域移行が模索されてきた。議論の背景としてあったのは運動部活動の過熱化や教員の保証問題で、とりわけ教

員にかかる負担は、現在になっても働き方改革の文脈に沿って同様の指摘がなされている。それでもなお、運動部活動は学校教育の中で維持されてきたのだが、先行研究においていくつかの知見が示されている。

　中澤（2011）は、運動部活動へ積極的に関わり続ける教師が、困難や課題にぶつかってもなお積極的に関わり続けるのには、教育的効果や教育的価値などの教育を結ぶ特徴的な意味づけが関係していることを明らかにしており、それらが運動部活動というスポーツ活動が学校教育の一環として維持される要因になっていると考察している。また中澤（2008）は、部活動改革においては保護者も関係し得ることを指摘している。保護者の直接的・間接的な影響力が学校の主体性に影響し、学校が保護者を過剰に意識するあまり、結果的に対応が受動的になり、部活動が学校に留まり続けたとする本研究の分析は、非常に興味深い。

　部活動と総合型クラブの関係構築が失敗した事例に着目した谷口（2014）の研究では、学校と総合型クラブの連携が前向きに議論されながらも、結果として後ろ向きの議論が強固となり、関係構築に至らなかったのは、、教員を取巻く「現状維持の志向性」の教員文化や、新たな職務・業務への反発、勤務評価をめぐる曖昧で脆弱な制度状況などの要因が関係していたと分析している。その中で、「部活動の運営・存続形態を巡る学校外（地域）との関係構築は、上述した教員文化の存在を踏まえない限り、困難であり続けよう」と指摘している。また、谷口（2018）はスポーツ行政の運動部活動改革への向き合い方を事例的に分析し、改革の必要性を認識しながらも、教育行政におけるスポーツ振興に対する偏見や制度的課題や制約などから「改革と踏襲を巡る躊躇いの常態化」にあることを明らかにし、昨今の地域移行の課題として、大会等の在り方や、新たな地域クラブ活動の在り方、地域移行に向けた環境の整備［スポーツ庁，2022］、地域移行後のクラブの事業採算性や各地域において異なるリソース、地域移行に向けての関係者間の議論など［経済産業省「地域×スポーツクラブ産業研究会」，2022］が挙げられている。社会・経済状況の変化や人口減少・少子化という流れのなかで運動部活動改革に猶予はないが、先行研究の知見からもスポーツと学校の「日本特殊的関係」の中にある運動部活動の改革は一筋縄ではいかないことが伺える。次節では、その様な状況の中でも、実現可能性を検討するために実施された経産省事業の実証事業で得られた成果に触れていきたい。

3. 実証事業の取り組みから

3.1 経済産業省実証事業「未来のブカツ」の概要

　大阪成蹊大学スポーツイノベーション研究所は、2021 年ならびに 2022 年、経済産業省による「未来のブカツ」実証事業を受託した。

　運動部活動改革は上述してきた通り、スポーツ庁や文部科学省を中心に進められてきた。その一方、スポーツの「場行」「スクール業」を所管する経済産業省は 2020 年 10 月に地域×スポーツクラブ産業研究会を発足。部活動を補完・代替する新たな基盤としての地域スポーツクラブ産業の可能性に改めて着目し、総合型地域スポーツクラブを含めた持続的な地域スポーツクラブ産業の在り方について課題の洗い出しと解決策を整理することが目指された。2020 年 10 月に第 1 回の研究会が開催された後、2021 年 6 月に第 1 次提言が公表され、全 15 回の研究会を経て、2022 年 9 月に最終提言が発表されている。この様な地域スポーツクラブ産業の在り方について検討が行われる中で、経済産業省は 2021 年度ならびに 2022 年度に、部活動の地域移行の実現可能性について検証を行う事業を実施した。先の最終提言は 2021 年度の実証事業で得られた成果や示唆が加えられた形で最終提言は作成され、2022 年度の実証事業についても現在経済産業省のweb ページにて公開中である。

　2021 年度、当研究所は「大学リソースを活用した部活動の地域移行の受け皿整備の検証」と題し、大学のリソースを活用した運動部活動の地域移行の実現可能性について、施設などの物理面、人、カネ、学校側の考え方など多面的に検証した。びわこ成蹊スポーツ大学のある滋賀県大津市や隣接する高島市を対象に、自治体や学校関係者、関係団体へのヒアリングを行うとともに、高島市の A 中学校にて陸上スポーツ部とソフトテニス部を対象とした実証実験を実施した。さらに、高島市内の関係者（教育委員会、学校長、スポーツ協会、スポーツ少年団、総合型地域スポーツクラブ、有識者、大学関係者など）による協議会を開催し、意見交換と今後の方向性の検討を目的に「中学生年代のスポーツ機会の保障・スポーツライフ創出」というビジョンに基づいた各種論点について議論した。2021 年度の主要な検証成果については、経済産業省「未来のブカツ」web ページを参照されたい。

　2022 年度の事業では、「大規模自治体における地域資源・ネットワークを活用

した部活動地域移行のモデル形成・検証」をテーマに、大阪市と京都市と協働して実証に取り組んだ。大阪市では、既存の受け皿組織の活用および新たな受け皿組織創出による部活動の地域移行の実施モデルを検証し、京都市では 2021 年度事業を踏まえた大学のリソースを活用した部活動の地域移行の実現可能性を検証した。以下では、主に大阪市の実証事業とその成果について概観する。

3.2　2022 年度の大阪市における事業の概要と成果

　大阪市での事業では、区・地域ごとの地域資源・ネットワークを活用する部活動地域移行の皿モデルの構築を目指して検証を行った。

　大阪市は人口約 275 万人、24 の行政区、中学校の設置数は令和 4 年度で 127 校であり、生徒数は約 5 万人の大規模自治体である。そして、市内のスポーツ関連事業を営む民間事業者は約 380 企業[注1]存在し、市内には 7 つのチームが市内に本拠地を置いている。そして大阪市の部活動指導員の配置は令和 4 年度実績で 122 校延べ 439 部活動［大阪市，2023］となっている。この様なデータを踏まえると、運動部活動の地域移行を実現するにあたっての潜在的なスポーツ関連資源が、大阪市は比較的充実しているかのように思える。しかしながら、市内には人口増加が著しい区がある一方で、人口減少に転じている区も存在している。そして、同じ区だとしても、人口動態の増減は地域によっても異なる。また、オフィス街や繁華街を中心とした街、住宅が多い街など、24 の区とその地域には異なる特性がある。つまり、各区や地域特性によって運動部活動地域移行後の構築可能な体制は異なると考えられる。そこで本事業では、既存の地域スポーツ組織等が受け皿となるモデル（以下、モデル A）と複数校包括する形で新たなスポーツ組織を新設して受け皿とするモデル（以下、モデル B）の 2 つのモデルを仮説的に設定（図 1）し、人口動態や地域特性を考慮して抽出された 4 つの区を対象に関係者や関係団体に対するヒアリングと実証事業を実施した（表 1）[注2]。検証ポイントとして、「①学校部活動との折り合いをどの様につけるのか」、「②利用施設・場所をどの様に確保するのか」、「③指導者の質と量をどの様に確保するのか」、「④受け皿組織はどの様にして一定の収益を得るのか」を設定し、2 つのモデルにおいて検証を行った。

　検証成果の全容を述べることには限界があるため、以下ではモデル A の成果の抜粋を示す。なお、下記の①〜④で示した数字は、上述した検証ポイントに対応している。

モデルA：既存の地域スポーツ組織等が受け皿となるモデル

区内もしくは特定の地域に、総合型地域スポーツクラブや少年団、フィットネスクラブなど、従来より活動するスポーツ組織がある場合に、それらの既存団体組織を受け皿にして地部活動を実施するモデル。活動場所は、学校のみならず民間施設や公共施設も想定される。

モデルB：新設したスポーツ組織がが受け皿となるモデル

区内もしくは特定の地域に、従来より活動する団体等が限られている場合に、想定されるモデル。複数校（部活動）を母体とした非営利組織を立ち上げ、地域部活動の受け皿組織とするモデル。活動場所は、学校や公共施設が想定される。

図1　2022年度大阪市における実証事業にて想定した仮想モデル

表1　仮想モデルを検証するために選定された4区

No.01
東淀川区⇒モデルAを仮想した実証
【区・地域の特性：人口規模が大きく、顕在的な地域のスポーツ組織等が比較的豊富】
東淀川区は、市内でも人口規模が大きく、中学生数も区内上位の区である。対象となる3中学校周辺には、民間フィットネスクラブや大学、総合型地域スポーツクラブなど、地域団体組織が比較的多く存在している。

No.02
都島区⇒モデルBを仮想して事業計画書を策定
【区・地域の特性：旧市立高校を拠点とした実証事業が先行スタート】
市内では中規模の人口規模。人間スポーツ学科が設置されている桜宮高校（旧市立）があり、桜宮高校を拠点とした桜宮スポーツクラブ（仮称）が、市の施策として先行実施されている。モデル事業が2年目となる。

No.03
西区⇒モデルBを仮想した実証
【区・地域の特性：人口急増の企業集積地。区内には比較的生徒数の多い3中学校】
人口急増エリアを含む企業集積地。区周辺の民間企業等との連携した活動も想定される。区内には中規模校が2校、大規模校が1校、計3校がある。校舎が小さく、グラウンドの狭い中学校も。

No.04
東住吉区⇒モデルBを仮想した実証
【区・地域の特性：少子化の影響を受け、拠点校方式の部活動を開始】
区内には7校中学校があるが、学校規模は中規模校が4校、小規模校が3校である。1校の単独部活動実施が困難なため、市内でも先行して矢田地区の3中学校が、拠点校方式による部活動を開始している。

　地域に存在する民間事業者やスポーツ団体等を受け皿として地域移行を実現することを想定したモデルＡでは、次の成果を得ることが出来た。まず、地域スポーツ組織等とのコミュニケーション機会や信頼構築の仕組が重要であることが明らかになった（①）。普段の活動の様子や活動の目的・狙いを共有する機会や、受け皿となり得る組織の活動の透明性を確保するための仕組があることで、地域に存在するスポーツ組織が部活動の受け皿として一定の信頼を得て活動することができることを、実証事業を通して確認することができた。また、地域に存在するスポーツ組織によって指導人材の関与形態が異なるため、地域のスポーツ組織によっては、既存の人材が部活動指導に適した人材であるかどうかが不安視されていた（①）。これは、部活動地域移行が単に部活動を代替し得る組織・体制を構築する為に実施されるのではなく、子どもたちにとって持続可能な新たなスポーツ・文化芸術活動の機会や仕組を創出するために実施されなければならないことを示唆しているのではないだろうか。つまり、従来の部活観を保持したままでは、地域で活動する多様なスポーツ組織が「地域連携・地域移行」へ参画することにの限界を示唆していると言えるのではないだろうか。

　本事業の一部では、東淀川区で40年以上にわたってスイミングスクール等を運営するスペックスイミングクラブのプールにて実証事業を実施した。施設の確保という視点では、民間スポーツ施設も候補として挙げられる。しかし、部活動の代替的活動という新たな枠で当該プールでの活動することについては、スペックスイミングクラブで実施されている既存のプログラムで平日等の利用枠が埋まっており、土日の早朝でしか活動の見込みがないことが確認された（②）。部活動地域移行の受け皿として民間の施設で代替的活動を行う場合においても一定の制約があることが明らかとなった（②）

　そして、地域スポーツ組織においても部活動の理念を踏襲した活動の可能性が示された（③）。実証事業に参加した生徒を対象に行った調査では、地域スポーツ組織の指導者に対して概ね良好な評価を得ることが出来た。上述した様な学校と地域スポーツ組織のコミュニケーション機会、信頼関係構築のための仕組が存在することで、営利・非営利に関わらず、部活動の理念を踏襲した活動機会を創出し得ることが確認された。一方、受け皿となり得るスポーツ組織ごとに、指導者の資格保有状況や教育機会確保といった管理状況は異なるため、場合によっては行政等による研修機会の支援も検討される必要があるだろう。

　持続可能な新たな子どもたちのスポーツ・文化芸術活動機会の整備を議論する

うえで、家庭に対する費用負担の在り方も含め、活動主体となる地域のスポーツ組織等の収益確保は一つの論点となっている。本実証事業で明らかになったことの一つは、地域のスポーツ組織によって異なる指導対価の相場観ある（④）。例えば、大阪市部活動指導員の時給は 2,500 円であるが、本事業にてインタビュー調査を行ったスポーツ組織によっては、専門性の高い指導者にとっての時給とは不十分である認識される一方、ボランティアで普段指導をしているスポーツ組織では、会費を徴収していたとしても、保険料等支払のための最低金額の会費であるため、現行の会費以上に金額を設定することに抵抗感がある団体組織も存在していた。ただし、本事業のインタビュー調査を通し、部活動に参加していた子ども（家計）に対して受益者負担を求めることに懸念があるのは、組織形態の営利・非営利に関わらず共通していた点である。

　以上が、実証事業を通して得られたモデル A に関する成果の一部である。その他、実証事業を通して得ることが出来たことについて触れたい。まずは大阪市における地域連携・地域移行の有効性である。大阪市においても、ニーズが高いものの区内の一部の学校にしかない部活動種目や、顧問教員の退職や異動、少子化の影響によって存続の危機に部活動が一定数存在している。地方や他の首都圏に比べて人口も多く、スポーツ関係資源も比較的多い大阪市ではあるが、将来にわたって子どもたちがスポーツ・文化芸術活動に継続して親しむことができる持続可能な機会を整備・構築するためには、複数校を包括する形での地域連携や、地域のスポーツ組織等による機会の提供は有効性の高い取り組みであると考えられる。また、実証事業を通して一貫していたのは、「総論賛成・各論不安」な関係者である。学校や地域関係者は、部活動の地域連携・移行の必要性を認識しているものの、検討課題の多さや複雑さ、それらを解決し得る手法が不明瞭な状況に不安を感じていた。その為、各ステイクホルダーとの議論を促し、地域にとって最適な推進体制を構築し、地域連携・地域移行を実現することのできるコーディネーターの存在がより重要になると考える。

4.　大阪市における実態調査から

4.1　実態調査の概要

　大阪市教育委員会は、2022 年度に「大阪市立中学校における部活動等に関するアンケート調査」を実施した。教員の働き方改革や国における部活動の地域移

行の議論を踏まえて、大阪市における部活動のあり方や部活動支援の検証を行うため、大阪市の生徒、保護者、教員を対象に、部活動等に関する活動実態や認識、態度を明らかにすることを目的に実施されたものである。実施期間は 2022 年 8 月 24 日（水）〜 9 月 11 日（日）で、大阪市の部活動に関する実態を適切に把握するために、市内の市立中学校 126 校から教育ブロック（4 ブロック）と学校規模（大規模校、中規模校、小規模校）で層化したうえで無作為に 57 校を抽出して調査が行われた。インターネット調査を調査手法として、パソコンやタブレット、スマートフォン等のデバイスを用いて回答できる様に、QR コードならびに URL の表記した調査依頼書を配布したうえで、web での回答を求めた。調査の対象者数は、生徒が 24,321 名（57 校の生徒の数）、保護者が 24,321 名（57 校の生徒の保護者 1 名の数）、教員は 1,949 名（57 校の教員定数）である。回収数は生徒が 4022 名（回収率約 16.5%）、保護者が 3531 名（回収率約 14.5%）、教員が 762 名（回収数約 39.1%）である。以降では、主に生徒調査の結果を以下に概観する[注2]。

4.2　生徒調査の結果から

　大阪市は 2013 年 9 月に「大阪市部活動指針〜プレイヤーズファースト〜」を策定している。その後、スポーツ庁（2018 年 8 月）、文化庁（2018 年 10 月）による「部活動の総合的なガイドライン」の策定と「適切な休養日の設定」が明記されたことを踏まえ、同年にガイドラインに沿った「適切な休養日」を加筆したうえで大阪市の活動指針を改訂し、各部活動にて運用を行っている。

　本調査では、「ちょうどいい」と感じる部活動の活動頻度や時間を尋ねており、現状の活動頻度や時間よりも少ない活動を「ちょうどいい」と感じている生徒が一定数存在することが明らかとなった（図2—5）。また、部活動を進学に生かしたいと考えている生徒は 26.0% であり、進学に生かすことを意図していない生徒が 28.3% であることが示されたことから（図6）、生徒が抱く大会成績や大会そのものに対する動機づけの違いが伺える。すなわち、生徒の動機づけや、競技レベル、その活動目的や目標などにより、生徒が部活動の活動頻度や時間に対して抱く期待がそれぞれ異なることが推察される。なお、上記の結果は運動部と文化部両方の結果である。

　そこで、生徒の単純集計結果を踏まえて以下の問いを設定し、該当する設問項目のクロス集計による分析を行った。

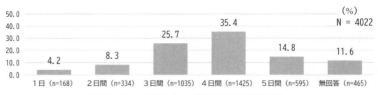

図2　ちょうどいいと思う平日の活動日数

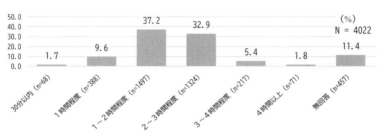

図3　ちょうどいいと思う1日の活動時間：平日

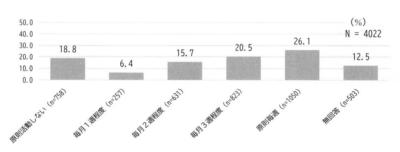

図4　ちょうどいいと思う休日の活動頻度：1か月あたり

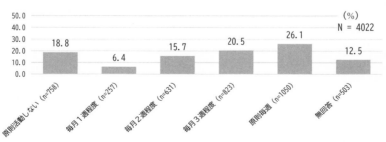

図5　ちょうどいいと思う休日の活動頻度：1か月あたり

問い1：　現状の活動と「ちょうどいい」活動の一致度と、部活動に対する負担
　　　　感にはどの様な関係性があるのか？

問い2：　現在の活動を生かした進学意図と部活動に対する負担感にはどの様な
　　　　関係性があるのか？

問い3：　現在の活動を生かした進学意図によって、部活動に対する悩みに違い
　　　　はあるのか？

　まず、問い1を検証するため、部活動に対する負担感は「とても負担に感じて
いる」の回答と「負担に感じている」の回答を合わせ「負担」とし、「負担」、「少
し負担」、「負担ない」の3群に分類した。次に、現状の活動と「ちょうどいい」
と思う活動の回答から、回答を3つの群に分類した。現状の活動と「ちょうどいい」
と思う活動が一致している場合は「現状と『ちょうどいい』の一致」の群とし、「ち
ょうどいい」の活動の方が現状の活動量より少なかった場合は「『ちょうどいい』
と思う活動の方が少ない」の群、「ちょうどいい」の活動の方が現状の活動量よ
り多かった場合は「『ちょうどいい』と思う活動の方が多い」の群とした。例えば、
平日の活動日数が現在「5日間」であり、「ちょうどいい」と思う平日の活動日
数が「4日間」の場合は、「『ちょうどいい』と思う活動の方が少ない」の群に分
類している。以上の手続きを踏まえて、負担感と、現在の活動と「ちょうどいい」
活動の一致度のクロス集計を行った。

　クロス集計の結果、運動部と文化部ともに、現在の部活動に負担を感じていな
い「負担ない」の群には、現状の活動と「ちょうどいい」活動が一致している生
徒の割合が、「負担」群と「少し負担」の群に比べて多い傾向にあり、「負担」群
には現状の活動より少ない活動量を「ちょうどいい」と回答している生徒の割合
が多い傾向にあることが明らかとなった（図6—9）。この回答傾向は、平日の活
動日数と活動時間と同様に、休日の活動についても一致している。決して驚くべ
き結果ではないが、現在の活動量を「多い」と感じている生徒は、部活動を「負
担」に感じている傾向にあり、現在の活動量が「ちょうどいい」場合には部活動
に「負担」を感じていない傾向にあることが伺える。

　続いて、問い2を検証するために、上記の通り分類したの負担感の回答と、現
在参加している活動を生かした進学意図の関係性を検証した（図10）。現在参加
している活動を進学に生かす意図を有する生徒（「そう思う」の回答）は、運動

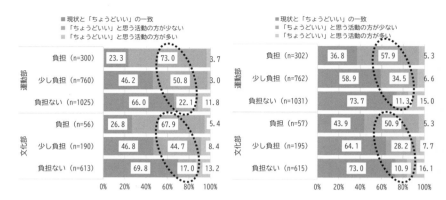

図6　現在の活動と「ちょうどいい」平日の
　　　活動日数の一致度と負担感の関係性

図7　現在の活動と「ちょうどいい」平日の
　　　活動時間の一致度と負担感の関係性

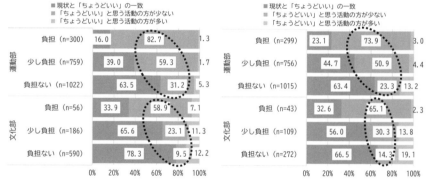

図8　現在の活動と「ちょうどいい」土日の
　　　活動頻度の一致度と負担感の関係性

図9　現在の活動と「ちょうどいい」土日の
　　　活動時間の一致度と負担感の関係性

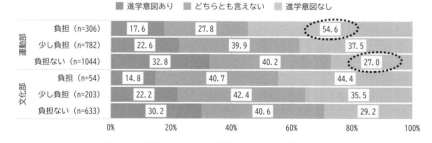

図10　活動を生かした進学意図と負担感の関係性

部では「負担」群で 17.6%、「少し負担」群で 22.6%、「負担ない」群で 32.8% となり、文化部では「負担」群で 14.8%、「少し負担」群で 22.2%、「負担ない」群で 30.2% となった。運動部と文化部共に、「負担ない」群が現在参加している活動を進学に生かす意図を有する生徒の割合が多い結果となった。また、運動部においては、「負担」群の、進学に現在の活動を生かす意図がない生徒（「そう思わない」の回答）は 54.6% となっている。進学に現在の活動を生かす意図がない生徒は、進学に生かす意図を有する生徒に比べ、大会成績やスキルアップに対する動機付けや期待が強くないことが考えられ、現在の活動に対して負担を感じる生徒の割合が多い傾向にあると推察される。

　最後に、部活動における悩みの該当者（「非常にあてはまる」と「あてはまる」の合計）の割合を、現在の活動を生かした進学の意図によって検証した（図 11、図 12）。その結果、運動部では、進学に現在の活動を生かす意図のない生徒は、「1日当たりの活動時間が長い」や「1 週間当たりの休みの日が少ない」、「練習がきびしい」などの、練習量や休養日、内容に関する項目を悩みに該当するとした割合が、「進学意図あり」や、「どちらとも言えない」の回答に比べて多い傾向にあることが明らかになった。これは、負担感との関係性で推察されたように、大会成績やスキルアップに対する動機付けや期待値の違いにより、現在の活動を生かした進学意図による傾向の違いが生じたと考えられる。

　また、「部員と指導者の人間関係が悪い」や「指導者が意見を聞いてくれない」といった、指導者との関係性を悩みとする回答の割合も、「進学意図なし」が多い傾向にある。部活を退部した生徒の理由（図 13）として「部の方針（やり方）についていけない」に 42.1% が該当している（「大変よくあてはまる」と「どちらかといえばあてはまる」の合計）。これらの結果から、指導者の指導したい競技レベルや方針（やり方）が、生徒の部活動に対する期待と一致しているとは限らないと考えられるため、生徒のニーズを捉えることの重要性を改めて確認することができる。

　更に、「学業と両立できていない」、「現在取り組んでいる活動以外に活動してみたい種目がある」、「学年ごと、季節ごとで他の種目の活動に変更してみたい」の回答も、「進学意図なし」の割合が多い傾向にある。進学に当該活動を生かす意図がない生徒は、大会で成績を残すことや競技能力を向上させることの重要度が比較的低いと考えられるため、学業や他の活動に時間を割くことができていない現状を「悩み」として捉え易い可能性がある。

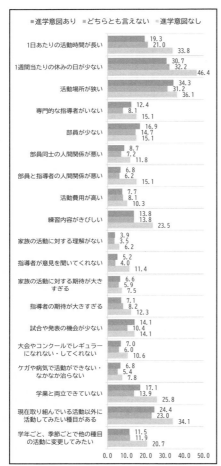

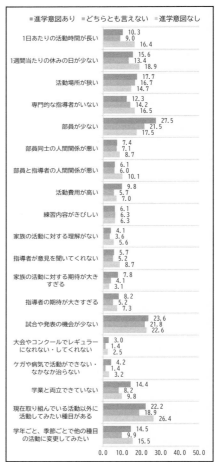

図11 活動を生かした進学の意図と部活動における悩みの関係性（運動部）　　図12 活動を生かした進学の意図と部活動における悩みの関係性（文化部）

※数値は各悩みの項目に対する「非常にあてはまる」と「あてはまる」の回答の合計
※「進学意図あり」＝設問18の「そう思う」の回答者、「進学意図なし」＝「そう思わない」の回答者

　一方、文化部では異なる傾向がうかがえる。例えば、「部員が少ない」ことを「悩み」として捉えているのは、進学に活動を生かしたいと考えている生徒に多い傾向にある。これは、部活動に積極的に関わりたいと思っていても共に活動する仲間が少ないことで生じる「悩み」だと考えられる。また、進学に活動を生かすか

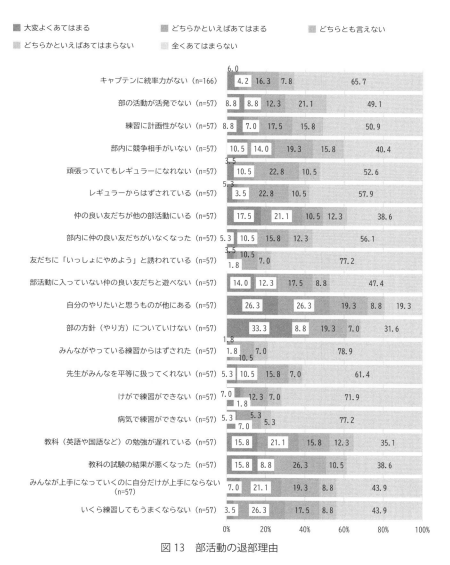

■ 大変よくあてはまる　　　　■ どちらかといえばあてはまる　　　　■ どちらとも言えない
■ どちらかといえばあてはまらない　　　■ 全くあてはまらない

図 13　部活動の退部理由

否かに関わらず、運動部と比べて「試合や発表の機会が少ない」という「悩み」
を抱いている生徒の割合が多いことが明らかとなった。文化部は、積極的な活動
を望む生徒の活動の場を設けることができていない可能性が考えられる。
　なお、吹奏楽部をはじめとした特定の部以外では、一般的に、活動頻度や時間

が運動部と比較して多くないため、「1 日あたりの活動時間が長い」、「1 週間当たりの休みの日が少ない」を「悩み」として回答する割合は運動部より少ない傾向にある。ただし、運動部と共通して、進学に活動を生かす意図の無い生徒では「悩み」にあてはまるとした回答の割合が多い傾向にある。

5. おわりに

英語に "one-size-fits-all" という、服のフリーサイズを示す言葉がある。ひとつのサイズでどんな体型にも合うという意味が転じて、万能や、どんな場面でも対応できるといった意味で用いられることがあると言う。

運動部活動は子どものスポーツ環境として、スポーツに対する基本的な技能や態度を身に付けるだけでなく、競技力向上、そして教育活動の場として機能してきた。そしてその活動は大抵の場合、"教育のプロ"である教員がコーチを担い、移動を伴わずに学校施設で授業終了後の放課後に活動をすることが可能である。この世界的も珍しい日本特有な仕組はまさに万能型で、子どもたちのスポーツ活動のニーズや、スポーツ界の競技力向上への期待、社会の教育的なニーズを一手に引き受けてきた仕組だったと言えるのではないだろうか。

しかしながら、昨今の運動部活動の地域移行の模索は、改めて前章からの言葉を借りると、「古くて新しい」問題なのである。活動の過熱化や、教員が感じる負担、そして子ども享受するスポーツ体験の在り方など、様々な問題の指摘が都度なされてきた。そして、本章の最後に見てきた通り、部活動に参画する子どもたちの部活動に対する期待や認識は多様である。同じ部活動に所属していたとしても、競技力を高める為に参加する生徒もいれば、一方で友人と一緒に活動できればいいと感じる生徒も存在するのだ。つまるところ、"one-size-fits-not-all" なのではないか。この部活動という仕組の限界について社会が向き合い始めたからこそ、部活動改革の取り組みがリスタートしたと考えている。

地域によっては、中学生の部活動の選択肢が年々減少し、好きなスポーツを選択することすらできない状況になっている話を耳にする。

大阪市の事例や各種事例を観察する中で、この部活動の地域移行の取り組みには実に多くの変数が存在することを改めて理解することができた。一筋縄ではいかない部活動改革ではあるが、「総論賛成・各論反対」という状況の中、早急な最適解を見出すべく引き続き各種調査研究を進めていきたい。

【付記】大阪成蹊学園と大阪市教育委員会では包括的な連携協定を締結している。経済産業省「未来のブカツ」の実証事業においては、大阪市教育委員会ならびに、事業の対象となった4区内の対象校関係者に多大な協力を得た。ここに感謝の意を表す。

【注】
(注1) 2022年8月に大阪市塾代助成事業に登録するスポーツ関連事業者数を算出。
(注2) 大阪市教育委員会より、本調査のデータ提供を受けた。

【引用文献】
スポーツ庁（2020）「学校の働き方改革を踏まえた部活動改革」
スポーツ庁（2022）「学校部活度及び新たな地域クラブ活動の在り方等に関する総合的なガイドライン」
スポーツ庁（2023）「令和5年度予算（案）」
中央教育審議会（2019）「新しい時代の教育に向けた持続可能な学校指導・運営体制の構築のための学校における働き方改革に関する総合的な方策について（答申）」
青少年問題審議会（1999）「「戦後」を超えて―青少年の自立と大人社会の責任―（答申）」
文部科学省（2013a）「体罰の禁止及び児童生徒理解に基づく指導の徹底について（通知）」
文部科学省（2013b）「体罰根絶に向けた取組の徹底について（通知）」
文部科学省（2013c）「運動部活動での指導のガイドライン」
文部科学省（2018）「教員勤務実態調査（平成28年度）」
教育再生実行会議（2013）「いじめの問題等への対応について（第一次提言）」
日本スポーツ協会（2014）「学校運動部活動指導者の実態に関する調査」
学校における働き方改革特別部会（2017）「学校における働き方改革に係る緊急提言」
今宿裕，朝倉雅史，作野誠一，嶋崎雅規（2019）「学校運動部活動の効果に関する研究の変遷と課題」『体育学研究』Vol.64，No.1，pp.1-20.
尾崎正峰（2012）「地域スポーツを支える条件の戦後史―指導者、とくに職員問題に注目して―」『スポーツ社会学研究』Vol.20，No.2，pp.37-50.
神谷拓（2015）「運動部活動の教育学入門：歴史とのダイアローグ」大修館書店，pp.67-71.
中澤篤史（2008）「運動部活動改革への保護者のかかわりに関する社会学的考察：公立中学校サッカー部の事例研究」『スポーツ科学研究』Vol.5，pp.79-95.
中澤篤史（2011）「なぜ教師は運動部活動へ積極的にかかわり続けるのか：指導上の困難に対する意味づけ方に関する社会学的研究」『体育学研究』Vol.56，No.2，pp.373-390.
中澤篤史（2014）「運動部活動の戦後と現在―なぜスポーツは学校教育に結び付けられるのか―」青弓社，pp.117-120.
谷口勇一（2014）「部活動と総合型地域スポーツクラブの関係構築動向をめぐる批判的検討：「失敗事例」からみえてきた教員文化の諸相をもとに」『体育学研究』Vol.59，No.2，pp.559-576.
谷口勇一（2018）「地方自治体スポーツ行政は部活動改革動向とどう向かい合っているのか

総合型クラブ育成を担当した元指導主事の意識からみえてきた行政文化の諸相」『体育学研究』Vol.63，No.2，pp.853-870.

【参考文献】
神谷拓（2015）「運動部活動の教育学入門：歴史とのダイアローグ」大修館書店
中澤篤史（2014）「運動部活動の戦後と現在―なぜスポーツは学校教育に結び付けられるのか―」青弓社
経済産業省（2022）「地域×スポーツ産業研究会「未来のブカツビジョン」」

第6章

対談：子どものスポーツライフの新たな展望

―部活動の地域移行を契機として―

間野義之

×

奥野史子

司会進行：菅　文彦

1. 対照的なスポーツ経験

司会：本日の対談テーマは「子どものスポーツライフの新たな展望」です。サブタイトルに「部活動の地域移行を契機として」とあるように、部活動を切り口にお話を展開できればと思います。

　日本の部活動は学校という閉じた空間で行われ、生徒は入部した競技だけの練習や試合を年間通じて行い、その指導は学校教員が担ってきました。一方、子どものスポーツライフを世界的に見ると、日本の部活動のような方法は必ずしも一般的ではなく、例えばドイツなど学校ではなく地域のクラブでスポーツをする国もあります。

　日本の部活動は、子どもたちや教員、保護者にとって優れた点も、逆に見直すべき点もあると思われます。ご自身のスポーツ経験談も織り交ぜながら、「部活動とは一体どのようなもの」と捉えているのか、まずは率直に話していただけますでしょうか。

奥野：私は幼い頃から地元のスイミングスクールでシンクロナイズドスイミング（現・アーティスティックスイミング）に打ち込んでいました。スイミングスクールは全国どこにでもあり、日本の水泳選手の中には部活動を経験していない人もたくさんいます。私も部活動に所属しておらず、競技をしていた頃は部活動に対する実感が湧かなかったのが正直なところです。

　その後、京都市の教育委員も務めながら部活動を眺めると、これは本当にすごいシステムだと思わずにはいられません。子どもは希望すれば無料でスポーツや文化系の活動に取り組むことができます。しかし、3年間で結果を出すプレッシャーによる練習の過熱や教員の負担などの歪みも生じている昨今、部活動の地域移行の議論が出ていることは自然な流れだと思います。

　ただし実際は難しいことだらけです。大阪成蹊大学スポーツイノベーション研究所では部活動の地域移行の実証実験にも取り組んでいますが、地域の実情は複雑で一筋縄ではいかず、その中で新たなモデルを模索していかねばなりません。

間野：私は中学・高校と野球部で、大学も体育会の野球部に入っていました。私の研究室近くの教室の窓から、様々な運動部の練習風景を見ることができます。

今も昔も長時間練習は当たり前で、大学時代は多様な経験を積んだ方が良いのに、ひとつの事だけに時間を使い過ぎてしまったと、自戒しつつ学生時代を振り返りながら眺めています。一方で部活動を経験して良かった点は、仲間や友人ができたことです。利害関係が何もない仲間ができ、40年たっても皆で集まれることはありがたいことです。

　野球も1人だけではボールを壁にぶつけることしかできません。仲間がいてはじめて楽しむことができます。子どもも忙しい中、そうした時間・空間を得る最も効率の良い方法は部活動です。奥野さんは、クラブの練習に電車で時間をかけて行っていたはずです。

間野義之
早稲田大学スポーツビジネス研究所 所長

奥野：中学から「井村シンクロクラブ」（現・井村アーティスティックスイミングクラブ）に入り、京都から大阪まで1時間半かけて通いました。当時は、堺市の中百舌鳥にあるプールや、現在はもうなくなった大阪プールが練習場所でした。

間野：1時間半もかけていたのですか。

奥野：当時は御堂筋線が難波までででしたので、南海線に乗り換えて中百舌鳥まで。中学のときから果てしない旅をしていました。自宅に帰るのは夜10時半頃でした。それからご飯を食べてお風呂に入り、宿題をして寝るという生活でした。現在は門真市（大阪府）にクラブの拠点がありますが、当時はとても大変でした。

司会：間野先生は部活動、奥野先生は民間クラブという対照的な経験があるので

すね。

奥野：水泳は民間クラブ出身の人が多いです。子どものときにスイミングクラブに入り、そのまま選手として水泳を続けます。

間野：私の小・中・高の同級生が、全国中学校水泳競技大会で背泳ぎ4位でした。でも私の中学校にはプールがありませんでした。普段はスイミングクラブで練習をして、その時だけ中学校の名前で出場するのです。水泳や体操は昔から学校の部活動よりも、地域のクラブが中心でした。空手や少林寺拳法などの道場もそうです。

司会：競技により子どもの所属や練習場所も異なるので、日本も部活動一色かというと、一概にそうとも言えない点は見逃してはならないことが分かりました。

2. 部活動とは一体何なのか？

司会：奥野先生はお子さんが学校に通われていて、保護者の目線から現在の部活動のあり方について気づくことはありますか？

奥野：私の息子は高校からラグビーを始めました。全国トップを目指すところなので、練習はかなりハードです。私学なので、週何時間までという部活動ガイドラインの制限も適用されず、顧問の先生もかなり働いています。競技でトップを目指す人は、強豪校の部活動や専門性の高い民間クラブに入り、スポーツを緩やかに楽しくしたければ、通常の部活動や地域のクラブに入ってスポーツができるなど、多様な選択肢があることが大切だと思います。地域移行に伴って、例えばシーズン制で夏は野球をして冬はバスケットボールなど幅広いスポーツを楽しめる部活動にもなればと思います。シーズンスポーツの仕組みがある地域は人気が上がり、子どもの数が増えて地域活性化につながる可能性もあります。

司会：まさに現在、子どものスポーツを巡る状況の移行期かと思います。間野先生は学生時代に野球に打ち込んでおられましたが、いつ頃から部活動の課題や問題点に自覚的になられたのですか？

間野：大学の卒業論文で少年野球の問題について書きました。その頃からです。

司会：野球をされていた最中にもう自覚していたのですか。

間野：はい。少年野球で指導者資格を持たないおじさんたちが、子どもたちを罵倒しながら教えているのはおかしいと思ったのです。小学生のときに野球チームに入りたかったのですが入れず、自分でチームを作りました。5年生の時に、横浜市の大会に出場しようと思い、友達と自転車で区役所に行き出場届を出したら、大人がいなければ駄目と言われたのです。それで身近な大人である父親にサインをしてもらい大会に出ました。

　父もサインをした以上、大人の責任として試合を見に来てくれましたが、14対0のコールド負けでした。父は悔しくなり本気で活動することになりました。当時、父の友達だった大洋ホエールズのコーチが練習で教えてくれて、次の年に優勝しました。

奥野：まるで漫画のようなストーリーですね。

間野：大洋ホエールズのグラウンドへ行き、プロ選手のトレーニングが終わった後にそこで練習をさせてもらいました。チームの名前はカージナルスでした。当時はよく分からずに、カージナルスなのでKのマークを帽子に付けましたが、正しくはCでした（笑）。

奥野：そこも漫画のようです（笑）。

間野：当時は夏の大会しかなく、もっと試合をしたかったので「中区山手リーグ」というリーグを作ってもらいました。

奥野：お父さんがつくったのですか？

間野：そうです。チームを集めてリーグを結成して、毎週末に試合ができるようになりました。そうすると、他のチームと頻繁に会うことになり、ひどいと思うチームも見えてきました。子どものスポーツに、大人があれほど口や手を出すの

はおかしいと思いました。私たちのチームは、プロのコーチを連れてきてずるいといえばずるいですが、理不尽に殴られたり、蹴られたりした経験はありません。そうした経験が基となり、少年野球の監督と子どもにもアンケートを採り、卒業論文にしたのです。

奥野：中学時代の野球部も似たようなものでしたか？

間野：中学の野球部も昭和モデルでしたが、体罰はありませんでした。数学の先生が部長でしたが、練習には全然来ませんでした。男子は皆、野球部に入りたがり、部員は100人くらいいました。1年生の時など本当につまらないのです。外野に1メートルおきに並び、人間フェンスを作っていました。

司会：私も中学時代は野球部でした。無意味な声出しの習慣があり、意味あるのかと疑問でした。

間野：野球部がつまらないので、中学時代はリトルリーグのチームにも入っていました。リトルリーグだと最上級生なので、試合に出られます。しかも私が住んでいた場所は米軍キャンプが近く、そこの芝生グラウンドで試合をするのです。部活動とはまったく違う環境で、野球を楽しむことができました。

奥野：私の息子も野球をしていた時期があります。幼稚園のときは空手、その次はサッカー、野球、中学で陸上をして高校からラグビーです。それぞれのスポーツに、少しずつ違和感を受けたことも事実です。野球でも「この人指導者資格持っているんだろうか？」と思うような人もいました。

間野：怒鳴り散らすおじさんですか？

奥野：怒鳴っている方もいらっしゃいました…。野球をやっていた時は、怪我につながる可能性のある長時間練習をやらされていましたし、サッカーをしていた時、これはあくまで私の印象ですが、コーチが少し軽くて違うかなと思いました。陸上を始めたら、今度は夫と息子が比較され、しかもコロナ禍で練習が十分にできず、本人としては辛かったようです。それでまったく違うスポーツをしたいと

言い、ラグビーを始めました。

　様々なスポーツを経て運動神経が鍛えられたのか、ラグビーでは様々なポジションをこなせるようです。子どもの可能性を試しながら、自分がしたいものに最終的にたどり着くのが良いのではないでしょうか。

司会：ラグビーは走る、投げる、蹴る、跳ぶ、ぶつかるなど全身の動作バリエーションがとても豊富です。様々なスポーツ経験が生かされているのだと思います。

奥野：息子がマルチスポーツの実証実験をやってくれたようです（笑）。

奥野史子
大阪成蹊大学スポーツイノベーション研究所 所長

3.　子どものスポーツを巡る問題は古くて新しい

司会：野球を例に、行き過ぎた指導の話題が交わされました。現在でも指導者の暴言や体罰が完全になくなってはいません。こうした状況はなぜ生じているのでしょうか？

間野：戦時中、敵国の文化であるスポーツを維持するには、「スポーツは軍事訓練よりも厳しいことをしている」ことを見せなければ軍が納得しなかったため、体罰を行っていた経緯があります。

奥野：戦争からスポーツを守ろうとして、それが逆におかしなことになったということでしょうか？

間野：戦争が終わって多くのものが解体されましたが、体罰など厳しい指導は、教育の名の下に正当化されて残ってしまいました。試合でミスをすることは悪いことなのですか？　監督の指示どおりにできなければ罰を受けるものなのでしょうか？　例え教育目的だとしても、体罰は重大な人権侵害であり傷害事件です。

　高度経済成長時代ですが、実業団の存在意義は、社員が仕事で辛い時に、運動部の激しく厳しい練習をみて、自分も頑張ろうと仕事に励めるようにするためであったと言われています。

　部活動でも、教育という名の下に歪んだ点が残っていることは問題です。学習指導要領での部活動の位置付けも曖昧です。経済産業省の資料を見る限り、学校で部活動をしなければならないという決まりはありません。子どもが学校ではなく地域でスポーツを行うことの議論は 1970 年代当時からあります。

司会：部活動の地域移行については 50 年以上前から議論の俎上にあがっていたとはいえ、部活動自体に根本的な変化はなく近年に至ったといえます。ところが、ここ 10 年ほどで情勢が変わり、部活動改革や地域移行について議論が相当に本格化した印象があります。ここにきて部活動の問題点が浮き彫りになってきたのは何故だとお考えでしょうか？

間野：学校教育の質の低下に対する危惧が一因と思います。少子化の影響で学校教員の新規採用人数が減っています。部活動の顧問教員も高齢化し、長時間の勤務も常態化しています。京都市の教員採用試験の倍率はどのくらいですか？　横浜市は中学校の教員採用試験の倍率が 4 倍を切りました。

奥野：京都市はまだ 5 倍程度はあります。

間野：それくらいあれば、きちんとした良い教員を採用できますが、2 倍を切ると事情が異なってきます。文部科学省も教員の過重労働を本気で危惧し始めています。部活動を負担と感じ優れた人材が応募できないのであれば職務環境を見直さなければなりません。教員の働き過ぎによる、教育の質の低下を防ぐよう世論も危機感が強まってきたのだと思います。

　少子化は、1995 年に総合型地域スポーツクラブ育成モデル事業を始めた時から分かっていたことです。当時は、部活動をクラブに移行させるべきだと言って

もまったく分かってもらえませんでした。「このままだと部活が崩壊する」と雑誌で書いたら、文部省（当時）に呼び出され、崩壊とは何事かと言われました。

奥野：子どもたちが、部活動で適切な指導を受けられていない現実も大いにあります。その競技の経験がない先生が顧問になり、本を読んだだけで指導をしていたり、指導者資格も持っていないケースが少なくありません。大会では細かいルールがよく分からないまま審判をさせられることも多く、先生も子どもも幸せではありません。

　本当に熱心で、部活動を生き甲斐にしている先生もいます。そうした先生には兼業を認めれば良いと思います。得手不得手に関係なく、先生に半ば無理やりに顧問をさせる学校現場の実情には危機感を抱きます。

4.　子どもは輝く可能性の原石

司会：部活動が抱える潜在的な問題が、少子化に伴い露出してきたと理解しました。少子化の影響は部活動の休廃部にも現れています。私の息子も中学ではバレーボールをやりたかったようですが、バレー部は廃部になっていました。民間のクラブで中学生でもできる所を探しましたが、見つかりませんでした。

　掛川市（静岡県）の教育委員会では、市内の出生数の推移から将来の各中学校の全校生徒数を割り出し、20XX年にはこの中学校の部活は半分に減るなど明確にシミュレーションしています。実際にその資料を目にして、その緻密さに驚きました。同市は受け皿となる地域クラブを整備して、中学生の部活動を完全に移行させる施策を進めています。

　少子化による部活動の消滅が子どものスポーツ選択の機会を奪い始めている現状を、どう捉えればよいのでしょうか？

間野：奥野さんが言われたように様々なスポーツをする、しかも直列だけでなく並列してできれば良いと思います。複数部活動もその一例で、もちろん運動部だけでなく文化部と科学部も含みます。サッカーが好きで、ギターが上手で、星の運行が分かる子がいたら素敵です。しかし、従来の部活動はそのような機会を奪ってきました。科学部で星の観察もしたいけどサッカーもやりたい。でも部活はどれかひとつ。科学部を選んだとするとサッカー部員が足らずにやがて休廃部に

陥る。スポーツや文化活動を並列マルチにできるようになれば、少子化でも子どものスポーツライフを守ることは可能です。

奥野：私の息子はピアノも弾いていました。今でもたまに、休みの日などに突然ピアノを弾きだします。

間野：私は3年間ピアノを習いましたが、バイエルが終わらず先生にクビにされました。

奥野：そんなことがあるのですか。

間野：先生が自宅に来てもらっていましたが、「もうあなたには教えられない」と言われてしまいました。練習をしなかったのです。先生が来る30分ほど前に一生懸命に練習するのですが駄目でした。ピアノが弾けたらと思います。

間野：ひとつのことを極める人は素晴らしいですが、大抵の人はそこに至りません。自分にはどんな才能があるかはなかなか分かりません。子どもには様々な可能性を探れるような時間の使い方が大切です。勉強やスポーツを一生懸命にすると褒められますが、ロックバンドでギターを弾いたり、ゲームをしていると否定されます。なぜ勉強やスポーツを頑張ることは偉くて、ゲームは良くないのでしょうか。何かひとつではなく、様々なことができたほうが人生は豊かになると思います。

奥野：ゲームについては価値観の変化はあるようです。eスポーツは容認派が増えている印象です。私たちの世代の母親も、ゲームを自由に操作する子どもを見て、本当にすごいと言います。目が悪くなるので気を付けるようにとは言っていますが。

間野：eスポーツのトップは現在、年収が約2億円です。彼らは、集中力や目が悪くなることなどを考慮して、1日4時間など練習時間を決めているようです。eスポーツはアジア大会の正式競技であり、ドイツやアメリカ、韓国でも人気のスポーツです。日本でもeスポーツは普及してきていますが、世界に比べると遅

れているようです。

司会：子どもがスポーツをはじめ音楽や芸術など多くのことを、春夏秋冬を通してできることが理想的と感じます。私も大学で学生に思いつくままにスポーツ競技を挙げてもらうと、野球やサッカー、バスケットボールなど部活動でよくあるもの以外がなかなか出てきません。日本には自然豊かな国土を生かしたアウトドアスポーツもたくさんあるのに、経験がないので思い浮かばないのです。

奥野：ご当地スポーツなど、その地域にしかないスポーツが部活動になると面白いです。地域ならではの部活動でいえば、例えばお祭りがあります。京都の祇園祭では、お囃子などは鉾町の人たちが継承しているのですが、それを継いでいく子どもたちがいなくて非常に困っているそうです。部活動が地域の文化活動と融合して、お祭りなどに自然に子どもが入り込めるようになれば良いかもしれません。

司会：子どもの可能性を開くということでは、レギュラーと補欠の問題にも触れてみたいと思います。3年間ずっと補欠で公式戦に出られないまま卒業する子どももいます。この点はどうお考えですか？

間野：自分の子どもが野球を頑張りたいと言ったら、親も頑張りなさいとなるのが普通ですが、本当にそれでよいのでしょうか。アメリカはあれだけ自由な国なのに、部活動は定員制で人数を制限しています。入部するにはセレクションに受かる必要があります。入れなければ、自分には何が向いているか探す機会を作っています。アメリカの部活動はシーズンスポーツ制を敷いており、子どもが適材適所で可能性を開かせる役割も果たしています。

奥野：日本の高校や大学の強豪校は、何百人単位で部員がいます。ほとんどの子が、試合に出られず3年間が終わってしまいます。本人は望んで入ってきているのかもしれませんが、あれほどかわいそうなことはありません。

間野：私もそのことを関係者に話したら、子どもたちの権利を保障しなければならないと言われました。試合に出られなくても、そのスポーツをしたいという権

利を保障してあげなければならないということでした。

奥野：しかし、そのスポーツをしたいというのは、子どもの頃からそれしかしていなくて他を知らず、自分の才能が他にもあるかもしれないという可能性に触れずに育ってきているのではないでしょうか。「自分には野球しかない」と思っても、違う視野を得るような育て方をすれば、様々な人材も発掘されるはずです。

間野：メガホンを持った3年生が応援するのを、マスメディアは美談にしていますが、それが未来社会にとって適切なのか冷静に考える時期に来ています。

奥野：他の学校に行けば出られるかもしれないのに、もったいないです。

間野：強豪校には100人を超える部員がいます。入部を希望する生徒は全員が入れることにしている場合が多いです。名門校の誇りを持ち応援できることは良いことかも知れませんが、様々な可能性や選択肢を示した上で自ら選択できるようにすることは大人たちの役割ではないでしょうか。他校へ行ったら試合に出場できたかもしれないし、他のスポーツをすればもっと自分が輝いていた可能性もあるのに、才能を活かしきれていないと思います。

5. 子どもが主体のスポーツへ

司会：野球やサッカーなど部活動に典型的な競技では、指導者がいて子どもは教わる立場であるのが一般的です。しかし、新たな形が生まれつつあります。例えばスケートボードをしている子たちには指導者はおらず仲間同士で楽しんでいます。

奥野：最近はスケートボードブームですが、「近所にスケボーができる場所がないので造ってほしい」と、子どもたちが手書きの要望書を市長に渡したことがきっかけで、スケートボードパーク建設が実現したことがありました。

間野：京都での話ですよね？

奥野：はい、八幡市です。

間野：子どもを子ども扱いしなくて良いと思います。中学生くらいになれば自分たちで大概のことはできますし、スケボーであれば技をスマホで撮り合ったりYouTubeを見て、新しい技を身につけます。ChatGPTや画像診断ソフトで技術アドバイスをくれるなど、そんな時代が来てもおかしくないです。子ども同士でできるのに大人がいる必要はありません。

奥野：こうあるべきという大人の価値観を子どもに押し付けている部分は、非常に多い気がします。

間野：大人の関わりは安全管理など必要最小限にして、それ以外は子どもたちの自主性に任せたほうがよいのではないでしょうか。

奥野：八幡市にスケボーパークが造られた後、その子たちの熱意がとても評価され、まちづくり委員会のメンバーとして活動しているところがテレビで出ていました。若い子たちの目線や意見を取り入れようとする自治体の姿勢も非常に良いと感じました。

間野：1960から80年代頃、スペインに子どもだけの村がありました。子どもたちだけで生活するという村で、15歳以上になったら出ていかねばなりません。子どもの力を信頼することは大切です。

奥野：私の知人から聞いたのですが、デンマークには部活動がなく、学校の近くに公民館のようなものがあり、学校が終わると皆そこに集まりスポーツや文化系のことなど様々なことをするそうです。大人は管理人のような人が1人いるだけで、子どもたちだけで好きなことをするのです。地域がそうした場所を見守り、子どもたちが可能性を伸ばせるのは理想的だと思いました。

間野：子ども同士が教え合う、できる子が苦手な子に教えるというイエナプラン教育の風潮がデンマークにはあるのかもしれません。スポーツでも大人が子どもに教える、指導するという発想から解き放たれる必要があります。

司会：部活動の地域移行の検討で必ず出てくる論点が「指導者の確保」です。この「指導者」という言葉が引っ掛かります。スポーツ界では「指導者」、つまり教える（teach）ことが当然視されてきましたが、部活動のあり方の変化をきっかけにその発想が変わることはあり得るでしょうか？

間野：「指導者」という言葉は、スポーツを除けば政治的なトップの人物を指す時くらいにしか使いません。音楽や芸術では使うのでしょうか。「音楽指導者」と言いますか？

奥野：言いませんね。

間野：teach ではなく coach が望ましいあり方です。コーチはもともと馬車という意味です。乗った人を行きたい方向に連れていってあげることがコーチングです。スポーツはその語源を辿れば「遊び」です。グラウンドにボールが転がっていれば、子どもたちだけで勝手に遊びます。大人が見張る必要なんてありません。仮に大人がいるとしても無条件に教え込むのではなく、子ども自身で考えて工夫し、様々なデジタルツールも使いながらスポーツを子どもたちが主体的に楽しむ。そうした機運は徐々にではありますが感じています。

6. スポーツが学校教育自体も変える！？

司会：ここまでは子どものスポーツライフの動向を中心にお話を伺ってきましたが、部活動をはじめ子どものスポーツを巡る状況の変化を梃子として「学校そのものが変わっていく可能性」はないでしょうか？

奥野：「開かれた学校づくり」とよく言われますが、実際にどこまで開かれているかは疑問です。学校運営協議会も設置されていて地域の方が関わっていただけることは素晴らしいことですが、一部の熱心な方だけが関わるケースが多く、本当の意味で開かれているとは言い難いと感じています。日本は、子どもに対して社会があまり関心を持たない国なのではないでしょうか。子どもを健全に育むことが地域や国の繁栄に直結しているということを、大人がそこまで意識していないと思います。

「社会で子どもを育てる」とも言いますが、その具体的な手段が必要です。そのひとつがスポーツであり、今はその良い機会です。部活動の地域移行をきっかけに、多くの大人が「自分たちが地域の子どもを育てている」という意識づけになればと強く願います。

司会：社会全体で子どものスポーツを支えることと理解しました。学校の教員が子どものスポーツに携わらないとなると、保護者や地域の人がそれに代わることになります。

奥野：その前提ができると、子どもを産んだ母親は、「1人で子どもを育てなければならない」という恐怖がなくなります。孤立無援な母親はたくさんいます。若い女性は、子どもを産んで育てることは非常に怖いと漠然と感じていると思います。皆で育てようという機運が高まると、必然的に少子化も解消されていくのではないでしょうか。

間野：全く同感です。「開かれた学校」で言えば、大学も学校です。今回をきっかけに大学も、社会の課題解決に深くコミットする存在に生まれ変わるべきと思います。大学生が部活動の指導に携わる例が増えつつあります。大学生で本当に大丈夫か、という意見は耳にします。社会人なら問題ないけれども大学生には事前にしっかりと研修を受けさせるべきなどの議論が出てきますが、一般の方々よりも大学生のほうが最新の知識と情報を持ちあわせているのではないでしょうか。

奥野：現在、京都市内のいくつかの公立中学校では、びわこ成蹊スポーツ大学の学生が部活動の指導をする実証研究が行われています。その検証結果も重要なエビデンスになると期待しています。

司会：奥野先生からは、「開かれた学校」から、さらには社会全体で子どもを育てる意識が根付く可能性についてお話いただきました。その理想像へと進む一端にスポーツも位置付けられることで、子どものスポーツライフを巡る議論も一層建設的なものとなることが期待されます。間野先生は、学校教育そのものが変わる可能性についてどうお考えでしょうか。

間野：学校教育の質の向上が図られると考えています。部活動の負担が減ることで、授業や教材研究などに集中できますし、勤務環境が改善することでより良い人材が集まってきます。

　あるとき学校訪問に行くと国語の授業で生徒を 1 人ずつ立たせて順番に教科書を読ませていました。私が昔にみた授業風景でした。教育方法として意味はあるのでしょうが、もしも多忙で授業研究が不足しているのであれば、部活ではなく教員の本務である授業に時間や情熱を使えるように職務環境を整えるべきです。

7. 子どものスポーツライフ充実に向けて

司会：スポーツが学校教育自体を変えるポテンシャルについてお話いただきましたが、ここで今一度、子どものスポーツライフそのものに立ち帰りたいと思います。先ほどの八幡市など注目すべき事例もある一方で、子どものスポーツライフを全国的に見渡すと、様々な制度改革も求められるのではと思います。子どものスポーツに関わる現行の制度ではどの辺りの改革の優先度が高いとお考えですか？

間野：大会運営形式の改革です。球技に関しては、ノックアウトのトーナメント方式からリーグ戦方式にすることです。ただし、そうすると試合数が増えるため、全国大会ができません。全国大会は行わず、都道府県単位程度で良いかもしれません。アメリカは国土が広大で移動が大変な上に時差があるので、全国大会はありません。

司会：リーグ戦方式にすることで、子どもがスポーツをより楽しめる状況になるということでしょうか？

間野：全ての子どもがやりたいスポーツを思い切り楽しめることが理想的です。ノックアウト方式は補欠が試合になかなか出られません。先ほども話に出ましたが、複数の部活動に入ることを認めることも重要です。シーズン制でも構いませんし、陸上部に入りながらラグビー部でも公式戦に出るなど、どれか一つを選ばなければならない仕組みは変えたほうが良いのではないでしょうか。

司会：奥野先生はいかがお考えですか？

奥野：スポーツにおいて勝つことの喜びは、子どもの時からあると思います。しかし現在の日本の大会制度はトーナメント方式が中心で、負けたら終わりです。高校や大学レベルでは全国大会があっても良いとは思いますが、小学校や中学校くらいまでは、スポーツとは楽しいものであり、「昨日の自分より今日の自分が上手くなれた」ということを自分の中で落とし込んでいけるものであるべきです。

　私は多感で人間形成が大切な時期に、勝つためにスポーツをするということを刷り込まれました。一時期は本当にプールを見るのも嫌になるくらいでした。指導者のことが嫌いだというアスリートも少なからずいます。それはアスリートだけでなく指導者にとっても悲しいことです。

　私がそうであったが故に、そうではない楽しみ方もしたかったという思いを持ちつつ、子ども時代はもっとスポーツを楽しんでほしいと常々思っています。スポーツの本当の意味の楽しみや面白さを子どもの時に知ってほしいし、身に付けてほしいです。そうすると彩られた人生を送る人間になると思います。

　「スポーツによって人生が豊かになる」、簡単にいうとその一言です。小学校や中学校のスポーツのあり方の改革には、教員や保護者をはじめとする大人の理解が欠かせません。指導者や保護者の中には子どもにスポーツで勝たせたいと熱くなる人もいますが、そうではないということを伝えたいです。ここでもまだ「指導者」という言葉を使ってしまいますが。

司会：この対談の冒頭で、日本ならではの改革のあり方についてのお話がありました。日本の子どものスポーツライフの充実において、これだけは欠かせないというものがもしあれば教えてください。

奥野：日本は地域それぞれに、自然や文化、歴史など固有の特性があります。そうした地域特性を生かす発想が不可欠と思います。自分の地域を誇れる何か、例えば京都市内のスポーツで見ても、ラグビーが強い地域や、陸上が盛んな地域など実は様々です。桂のあたりは長距離走が盛んで、幼い頃からそれに馴染んで育った人が大勢います。子どもが楽しむスポーツを均一的にするのではなく、地域特性を生かせば上手くいくのではないかと思います。これは京都市に限らず全国的にも同じことが言えるのではないでしょうか。

間野：私はびわこ成蹊スポーツ大学の客員研究員として、滋賀県の湖西地域で1年間暮らしたことがあります。現在でも多くの時間をそこで過ごしますが、そこは湖や山などの自然が豊かで、カヤックやボートなど水上アクティビティをはじめ、登山、ゴルフ、乗馬も楽しめて、冬はスキーやスノーボードもできます。地元の中学校の部活動では、これらのスポーツも楽しめるような工夫があるとよいと思います。それが豊かな人生の礎にもなります。

司会：滋賀県のボート競技の関係者が、「滋賀の子どもは琵琶湖の水にほとんど触ったことがない」と言っていたことを思い出しました。

間野：唯一の正解がない中で、金太郎飴の発想ではなく自分たちで方策を考えていかなければなりません。子どものスポーツライフの充実を果たせる地域も出てくる一方で、上手くいかない地域もきっとあるでしょう。それはある程度仕方のないことですが、前に進めていくしかありません。
　このままでは本当にゆでガエルです。カエルを熱いお湯に入れたら飛び跳ねるけれども、冷たい水から徐々に熱していくと茹であがって死んでしまうという例え話しです。私は、部活動の問題は1995年から指摘しています。部活動が崩壊すると言っても信用してくれませんでした。ここまで30年近くかかりました。それくらい改革は難しいです。

奥野：高い危機感と切実さを持つ人材が、各地に今まで以上に登場することが不可欠を改めて感じました。

司会：「子どものスポーツライフの新たな展望」と題して、多角的な視点からの論点提示と将来の道筋についてお話いただきました。本日はどうもありがとうございました。

プロフィール

間野義之

横浜市生まれ。東京大学大学院修了。三菱総合研究所を経て2002年に早稲田大学人間科学部助教授、2003年に早稲田大学スポーツ科学部助教授、2009年に早稲田大学スポーツ科学学術院教授。現在に至る。スポーツ庁・経済産業省「スポーツ未来開拓会議」座長、経済産業省『地域×スポーツクラブ産業研究会』座長ほか役職多数。前横浜市教育委員会委員。

著書に『スポーツビジネスの未来』（日経BP社）、『スマート・ベニューハンドブック スタジアム・アリーナ構想を実現するプロセスとポイント』（ダイヤモンド社）ほか。博士（スポーツ科学）。

2016年より早稲田大学スポーツビジネス研究所所長。

2022年に大阪成蹊大学スポーツイノベーション研究所主席研究員に就任。

奥野史子

京都市生まれ。同志社大学大学院修了。バルセロナ五輪シンクロナイズドスイミング（現：アーティスティックスイミング）銅メダリスト。1995年に現役引退後はスポーツコメンテーターとして各種メディアで活動。日本水泳連盟アスリート委員も務めるほか、小児がんと闘う子どもや家族の支援団体への協力など社会活動にも取り組む。

京都市教育委員会委員をはじめ文部科学省中央教育審議会委員などの公職を歴任。

2015年よりびわこ成蹊スポーツ大学客員教授。2022年に大阪成蹊大学スポーツイノベーション研究所所長、大阪成蹊大学経営学部特別招聘教授に就任。

著者一覧（掲載順）

藤田 大雪（ふじた だいせつ）［第1章］

大阪成蹊大学経営学部スポーツマネジメント学科准教授／同研究員

【主な著書】

『ソクラテスに聞いてみた―人生を自分のものにするための5つの対話』，日本実業出版社，2015年.

「プラトン『パイドン』における自然学批判について」，西洋古典学研究，59，2011年.

「反駁は不可能である―アンティステネスのパラドクスが問いかけるもの」，古代哲学研究55，2023年.

「スポーツマンシップの源泉―コミットメントの哲学を手がかりに」，大阪成蹊大学紀要，9，2023年.

「スポーツマンシップの構造―徳倫理学的アプローチ」，大阪成蹊大学紀要，8，2022年.

吉倉 秀和（よしくら ひでかず）［第2章］

経済産業省サービス政策課スポーツ産業室長

【主な著書・報告書】

『未来のブカツビジョン』（報告書）経済産業省，2022年.

『スポーツ産業論（第7版）』（共著）杏林書院，2021年.

『令和2年度スポーツ産業の成長促進事業「スポーツ経営人材育成・活用推進事業」ケース教材』（共著）スポーツ庁，2020年

城島 充（じょうじま みつる）［第3章］

びわこ成蹊スポーツ大学スポーツ学部スポーツビジネスコース教授／同研究員

【主な著書】

『拳の漂流』講談社，2003年，『ピンポンさん』講談社，角川文庫，2007年，『にいちゃんのランドセル』講談社，2009年，『レジェンド〜葛西紀明選手と下川ジャンプ少年団ものがたり』講談社，2014年，『義足でかがやく』講談社，2016年，『車いすはともだち』講談社，2017年，『がんばれ！ピンポンガールズ』講談社，2018年.

黒澤 寛己（くろさわ ひろき）［第 4 章］

びわこ成蹊スポーツ大学スポーツ学部教授／同研究員

【主な著書】

『ライフスキル教育―スポーツを通して伝える「生きる力」』（共著）昭和堂，2009 年.

『スポーツマンシップ論（SPORTS PERSPECTIVE SERIES 5)』（共著）晃洋書房，2019 年.

『公共政策の中のスポーツ』（共著）晃洋書房，2021 年.

古川 拓也（ふるかわ たくや）［第 5 章］

大阪成蹊大学経営学部スポーツマネジメント学科講師／同研究員

【主な著書】

「中学校運動部活動顧問教師のストレッサーに関する研究―運動部活動顧問教師用ストレッサー尺度の作成及び属性間による比較検討」（共著），スポーツ産業学研究，26（1)，2016 年.

「中学校運動部活動の活動指針に対する保護者の態度に影響する要因：質的分析を用いた検討」（共著）スポーツ産業学研究，31（2)，2021 年.

「運動部活動における顧問と部員との対人関係に関する調査」，コーチングクリニック，34（10)，pp.12-16，2020 年.

スポーツと学校教育のイノベーション

2023年11月20日　第1刷発行

編　者　　大阪成蹊大学スポーツイノベーション研究所
著　者　　藤田大雪・吉倉秀和・城島充・黒澤寛己・古川拓也
発行者　　鴨門裕明
発行所　　㈲創文企画
　　　　　〒101−0061 東京都千代田区神田三崎町3−10−16 田島ビル2F
　　　　　TEL：03−6261−2855　FAX：03−6261−2856
　　　　　http://www.soubun-kikaku.co.jp
装　丁　　オセロ
印　刷　　壮光舎印刷㈱

ISBN 978-4-86413-184-1